PONS

W0215185

Lektüre in Bildern ITALIENISCH

Colpo di fulmine a Milano

20 landestypische Kurzgeschichten zum Italienischlernen

von
Giuseppe Fianchino
Claudia Mencaroni

PONS GmbH
Stuttgart

PONS

Lektüre in Bildern Italienisch

Colpo di fulmine a Milano

20 landestypische Kurzgeschichten
zum Italienischlernen

von
Giuseppe Fianchino
Claudia Mencaroni

Geschichten der Autoren im Einzelnen:
Giuseppe Fianchino: Geschichten 11 – 20
Claudia Mencaroni: Geschichten 1 – 10

Alle Personen und Handlungen sind erfunden. Ähnlichkeiten mit lebenden oder verstorbenen Personen und tatsächlichen Begebenheiten wären rein zufällig.

2. Auflage 2019

Projektleitung: Canan Eulenberger-Özdamar
Redaktion: Federica Tommaddi
Bildredaktion: Canan Eulenberger-Özdamar
Logoentwurf: Erwin Poell, Heidelberg
Logoüberarbeitung: Sabine Redlin, Ludwigsburg
Titelfotos:
Kathedrale Mailand: shutterstock/Vatson
Esel: shutterstock/Jopics
Keramikfigur: shutterstock/Sabino Parente
Südtüroler Speck: shutterstock/Karl Allgaeuer
Dolomiten: shutterstock/Mikadun
Illustrationen: shutterstock/Ziven
Einbandgestaltung: Ilham Widmann, Stuttgart
Layout: PONS GmbH Stuttgart
Satz: tebitron gmbh, Gerlingen
Druck und Bindung: Multiprint GmbH

Printed in the EU.
ISBN: 978-3-12-562923-3

EINIGE WORTE VORAB

Sie lieben Italien, lesen gerne Kurzgeschichten und möchten etwas für Ihr Italienisch tun?
Dann halten Sie das richtige Buch in der Hand! Mit 20 heiter bis skurrilen, spannenden, manchmal nachdenklichen, aber niemals langweiligen Kurzgeschichten tauchen Sie ins italienische Leben ein und frischen so ganz nebenbei Ihre Sprache auf.

Nicht nur lesen, sondern auch sehen!
Bilder helfen unserem Gehirn ganz hervorragend, Dinge besser zu verstehen und abzuspeichern. Die Bilder in diesem Buch zeigen Schauplätze, Gegenstände und Handlungen, die Sie mitten ins Geschehen versetzen. Durch die Verknüpfung von Text und Bild – direkt an Ort und Stelle – lernen Sie im Handumdrehen neue Wörter. Unbekannte Wörter sind farbig markiert und werden am unteren Ende der Seite in der Vokabelbox oder bei einem Bild übersetzt. Zentrale Textpassagen sind hervorgehoben.

Lassen Sie sich inspirieren
Nach manchen Geschichten finden Sie wunderschön bebilderte Doppelseiten mit weiterführenden Informationen und einem Extra an neuen Wörtern. Erfahren Sie mehr über Land & Leute, besondere Orte und Traditionen.

Bevor es losgeht, lernen Sie auf den nächsten Seiten die Autoren dieses Buches kennen und eine Karte gibt Ihnen eine Übersicht über die Schauplätze der Geschichten.

Viel Lesevergnügen wünscht Ihre PONS-Redaktion!

DIE AUTOREN

Giuseppe Fianchino lebt und arbeitet in Sizilien. Auch nach Abschluss seines Jurastudiums schrieb er weiterhin regelmäßig für Zeitungen und Magazine. Wann immer er nicht seiner Tätigkeit als Jurist nachgeht, schreibt und erzählt er von den Dingen und Begebenheiten, die er auf seinen langen Reisen durch Italien und Europa erlebt. Seine Kamera dient dabei als Notizbuch und aus den Aufnahmen werden später Geschichten. Er liebt Katzen, Fußball und die Malerei der Renaissance, die man überall in italienischen Kirchen, Museen und Palästen finden kann.

Claudia Mencaroni badet jeden Tag nahezu in Büchern: Wenn sie nicht schreibt, bearbeitet sie ihre Bücher, liest, korrigiert und lektoriert. Und sie spricht immer über Bücher. Geboren wurde sie an der Küste Apuliens, lebt aber heute mit ihrem Mann und zwei Kindern in Rom.

SCHAUPLÄTZE DER GESCHICHTEN

INHALT

1 SCOLARI A CASTEL DELL'OVO

Sollten Sie einmal in Neapel sein, nehmen Sie die **Metrò dell'Arte**. Die Stationen **Toledo, Dante** und **Museo** wurden von renommierten Künstlern gestaltet.

"Siete tutti pronti?".

"Sì, maestra!", rispondono in coro i bambini.

"Potete lasciare gli **zaini** in classe".

"Maestra, io ho dentro il panino. E se poi mi viene fame?", chiede Eduardo dal primo banco, con i suoi occhiali rotondi come le **guance**[1].

"Abbiamo la **merenda**[2] al sacco, non ti preoccupare".

"Che bello!", "Evviva!", tutti saltano di gioia. Sono bambini di **terza elementare**[3], hanno più o meno otto anni.

"Ora indossate le giacche e **mettetevi in fila**[4]".

Rumorosamente, nell'allegria generale, la vivace **scolaresca**[5] si dispone in fila per due. Ogni coppia di bambini si tiene per mano.

Sono pronti per una gita in città: andranno a Castel dell'Ovo, il più antico **castello**[6] di Napoli.

"Eduardo, non c'è bisogno che metti il panino in tasca, portiamo noi la merenda!", dice la maestra Annarita, mentre controlla se tutti i bambini sono vestiti e in ordine.

"Ma, maestra, io lo voglio portare! Se poi mi viene fame...", risponde il bambino.

La maestra Patrizia chiude la fila e conta più volte i bambini: "Uno, due, tre, quattro... e ventiquattro. Bene, ci sono tutti".

La compagnia esce dalla scuola che si trova nel centro storico di Napoli, a un passo dal mare. La passeggiata fino al castello è breve. Una **macchia**[7] di mille colori e voci **squillanti**[8] attraversa la Villa Comunale, lo storico giardino della città.

"Maestra, possiamo fare un picnic qui per merenda?", chiede Eduardo, mentre tiene in tasca il suo panino.

"No, non ancora, è molto presto, aspettiamo di arrivare al castello", risponde la maestra Annarita.

"Maestra, però Giovanni mi tira i capelli!", dice Federica, con gli occhi pieni di lacrime.

"Uno, due, tre, quattro... e ventiquattro. **Meno male**[9]". La maestra Patrizia si ferma e conta la scolaresca per essere sicura di non aver perso nessuno per strada.

Napoli und die Heiligen!
In Neapel wird 52 verschiedenen Heiligen gehuldigt. Besonders wichtig ist **San Gennaro**, der dreimal im Jahr sein Blut flüssig werden lässt.

1 **la guancia** - die Wange
2 **la merenda** - das Vesper(brot)
3 **la terza elementare** - die dritte Klasse
4 **mettersi in fila** - sich aufreihen
5 **la scolaresca** - die Schülerschaft
6 **il castello** - die Burg
7 **la macchia** - der Farbtupfer, der Sprenkel
8 **squillante** (Adj.) - schrill
9 **meno male** (ugs.) - zum Glück

Il gruppo segue il **lungomare** fino al Passaggio di **Castel dell'Ovo**, una **lingua di terra** che collega la città all'isolotto che ospita il castello nel golfo di Napoli.

"Qualcuno di voi è già stato in questo castello?", chiede la maestra Annarita.

"Io, maestra!", risponde Margherita, una bambina con le **trecce**.

"Ah, benissimo! E cosa ti ricordi?".

"Niente, maestra".

"Allora vi faccio un'altra domanda: sapete perché si chiama Castel dell'Ovo?".

"Forse perché è un castello a forma di uovo?", prova a **indovinare**[10] Stefano con un dito nel naso.

"Non proprio. Qualcun altro conosce la risposta?".

"Forse perché c'erano tante galline che facevano le uova e gli abitanti del castello le mangiavano tutte", inventa Eduardo.

"Neppure per questo. In realtà si racconta che in questo castello è custodito un uovo. Ma non un uovo di gallina, bensì un uovo di **struzzo**".

"Un uovo di struzzo, maestra?".

"E quanto è grande?".

"Ma si mangia?".

"E a che serve?".

I bambini sono sempre molto curiosi.

"Vi ricordate di Virgilio, il poeta che ha raccontato le avventure di Enea?

der Strauß

lo struzzo

Proprio lui ha messo un uovo di struzzo magico in una caraffa di vetro piena d'acqua, ha sistemato questa caraffa in una **gabbia**[11] di ferro e ha **appeso**[12] la gabbia al soffitto di una stanza segreta di questo castello".

I bambini **spalancano**[13] gli occhi: "Ma c'è ancora questo uovo nel castello?".

"Nessuno lo sa, ma possiamo cercarlo!".

"E se lo troviamo ce lo possiamo portare a scuola?", chiede Giacomo, saltando per l'emozione.

"Ma c'è ancora questo uovo nel castello?". "Nessuno lo sa, ma possiamo cercarlo!".

"No, bambini", risponde la maestra Patrizia. "Questo uovo magico serve a proteggere il castello e tutta la città di Napoli. Se lo portiamo via e per disgrazia lo rompiamo, può succedere di tutto!".

Arrivati al castello i bambini sono eccitati all'idea di cercare questo oggetto magico e prezioso. "Uno, due, tre, quattro... e ventiquattro. Va bene possiamo entrare", dice la maestra Patrizia. Così gli scolari si dividono in gruppi e corrono su per le **gradinate**[14] del castello, per cercare in ogni angolo.

10 **indovinare** – (er)raten
11 **la gabbia** – der Käfig
12 **appeso** (von: appendere) – aufgehängt
13 **spalancare** – aufreißen
14 **la gradinata** – die Freitreppe

Das Castel dell'Ovo ist eine Festung in Neapel, die auf das 1. Jh. zurückgeht.

Nessuno pensa alla merenda o a **fare dispetti**[15] ai compagni, sono tutti presi dalla **caccia al tesoro**[16]. Guardano persino nella **bocca dei cannoni** in cima alle terrazze del castello.

Dopo un'ora di gioco e di esplorazione, le maestre cercano di riportare all'ordine i bambini: "È tardi, dobbiamo andare!".

"Uffa! Ma non abbiamo ancora trovato l'uovo!", Caterina è davvero **delusa**[17].

"Mi sembra una buona notizia, invece", dice la maestra Annarita. "L'uovo magico deve essere nascosto bene per portare fortuna!".

"Uno, due, tre, quattro... e ventitré! Ventitré?".

"Patrizia, che succede?", chiede Annarita preoccupata.

"Ne manca uno. Uno, due, tre, quattro...".

"Bambini, **facciamo l'appello**[18]".

"Cinque, sei, sette, otto...".

"Patrizia, manca Eduardo!".

"...ventitré! **Accidenti**[19], **dove sarà finito**[20]?".

Nella confusione generale, Margherita grida: "Maestra! Eccolo lì!".

Nascosto dietro un arco, Eduardo mangia il suo panino. Quando si sente osservato, esclama: "Maestra, non è colpa mia, la mia pancia **borbotta**[21]!".

15 **fare un dispetto** – einen (bösen) Streich spielen
16 **la caccia al tesoro** – die Schatzsuche
17 **deluso** (Adj.) – enttäuscht
18 **fare l'appello** – verlesen
19 **accidenti!** – Verflixt nochmal!
20 **dove sarà finito** – (hier:) wo wird er wohl stecken?
21 **borbottare** – (hier:) knurren

la bocca di cannone

die Kanonenmündung

2 COLPO DI FULMINE[1] A MILANO

il Duomo di Milano

der Mailänder Dom

il retro

die Rückseite

Lei si chiama Lisetta.

È bella, bellissima, leggera e **sinuosa**[2].

Io sono Fabio, **commercialista**[3], 34 anni.

Un giorno ero con un amico, lui **mi ha fatto un cenno**[4], io ho posato gli occhi su di lei ed è stato amore a prima vista.

Da quel momento io e Lisetta non ci siamo più separati.

La mattina faccio colazione al bar e la prendo per andare al lavoro.

Io abito a Lambrate, il quartiere in cui vivo da quando studiavo all'università. Andiamo in centro insieme, dove c'è il mio ufficio, proprio in una stradina sul **retro** del **Duomo**. Con lei il tempo vola e non voglio arrivare subito: lasciarla in strada, con un saluto distratto, mi mette tristezza. Non vorrei mai separarmi da lei.

Allora comincio a fantasticare, conto le ore che mancano alla fine della giornata lavorativa, perché so che, uscito dal portone dello studio, Lisetta **sarà**[5] lì ad aspettarmi, splendente e meravigliosa.

1 **il colpo di fulmine** – die Liebe auf den ersten Blick

2 **sinuoso** (Adj.) – kurvenreich

3 **il commercialista** – der Steuerberater

4 **fare un cenno a qu.** – jdm. zunicken

5 **sarà** (Futur von: ‚essere') – wird sein

E poi penso al fine settimana e a tutte le passeggiate che potremo fare insieme.

Da quando è mia, sono cambiato.

Un tempo la mia vita era tutta lavoro. A fine giornata vedevo degli amici per un aperitivo e **mi ritrovavo**[6] a bere troppo e a mangiare male. Tornavo a casa e finivo davanti alla TV a guardare film o programmi senza attenzione. Di venerdì e sabato, uscivo fino a tarda notte: locali pieni di gente, tanto alcol e incontri con donne senza nome.

Ma poi, da quando c'è Lisetta nella mia vita sono cambiate molte cose.

È cambiato il mio modo di **concepire**[7] il tempo libero. Adesso preferisco trascorrere i fine settimana **immerso**[8] nella natura a **godere**[9] del verde, dei boschi e delle passeggiate lungo il lago.

Lei mi segue sempre, non mi ha mai creato problemi e più stiamo insieme più l'armonia tra noi ci permette di affrontare qualsiasi **imprevisto**[10].

È cambiato anche il mio rapporto con la città. Io non sono di Milano, ci sono venuto per studiare, poi ho trovato lavoro e sono rimasto. Vivo qui da quindici anni, ma non la conosco davvero.
Ci sono tantissimi luoghi che non ho mai visto, ma grazie a Lisetta, adesso, ogni occasione è buona per esplorarla.

Per esempio il **Parco Sempione**. Ci sono andato spesso, soprattutto i primi anni di università, con gli amici, una chitarra e qualche panino. Ma solo adesso, con Lisetta, mi sono accorto di quanto è grande e meraviglioso. C'è un silenzio irreale, e la sera, poco prima del **tramonto**[11], il cielo regala una luce speciale. Spesso ci vado con un libro: mi sistemo sotto un castagno, vicino al ponte delle Sirenette, con un occhio controllo Lisetta, con l'altro leggo qualche pagina del mio romanzo e torno a casa rigenerato.

An der südöstlichen Seite des Parks befindet sich das **Castello Sforzesco**, das berühmte Schloss von Mailand.

6 **ritrovarsi** – sich wiederfinden
7 **concepire** – ausdenken
8 **immerso** (von: immergere) – eingetaucht, versunken
9 **godere di qc** – etw. genießen
10 **l'imprevisto** (m.) – das Unvorhergesehene
11 **il tramonto** – der Sonnenuntergang

Der **Parco Sempione** ist der größte Park der Stadt. Von ihm geht der **Corso Sempione** ab, der über den Sempione-Pass nach Paris führt.

Una domenica mattina, mentre giravamo senza meta per la città, abbiamo scoperto il **Bosco Verticale**, vicino al quartiere Isola. Qualcosa di superlativo. Due **grattacieli** che ospitano centinaia di piante e alberi. Natura e cemento che **si fondono**[12] perfettamente. Sono rimasto a **guardare senza fiato**[13], mi sentivo piccolissimo.

Due grattacieli che ospitano centinaia di piante e alberi. Natura e cemento che si fondono perfettamente. Sono rimasto a guardare senza fiato, mi sentivo piccolissimo.

Quel giorno mentre tornavo a casa e stringevo tra le mani Lisetta, mi sono sentito molto fortunato e ho pensato che la vita è davvero imprevedibile.

Oggi è lunedì. Non ho voglia di fare nulla. Ho una pila di **pratiche**[14] da **smaltire**[15] sulla scrivania, ma non riesco a trovare la giusta concentrazione. È ottobre, non fa ancora molto freddo e c'è luce fino al tardo pomeriggio.

il grattacielo

das Hochhaus

Die Gebäude sind auf ihren Terassen und Balkonen mit **900 Bäumen** und **200 anderen Pflanzen** bepflanzt.

Berühmt ist Mailand für die beiden Türme, die **Bosco Verticale** (senkrechter Wald) heißen. Es handelt sich dabei um zwei Wohnhäuser des Architekten **Stefano Boeri**, die 110 und 80 Meter hoch sind.

Quasi, quasi, vado a prendere Lisetta e facciamo un giro ai **Navigli**. Mi piace passeggiare in quella zona prima del buio, quando i locali sono ancora vuoti e le strade silenziose.

Mi piace sognare di abitare in una di quelle case di ringhiera **che danno sui canali**, poter vedere i **cortili**[16] dalla strada e sentirmi in una città europea come Amsterdam o Stoccolma.

Basta, chiudo tutto e vado. Alle pratiche ci penso domani.

Scendo in strada, mi guardo attorno.

Lisetta non c'è.

Non è dove l'ho salutata stamattina.

Allora mi sono confuso: forse l'ho lasciata all'angolo del bar?

E invece no, non è neppure là.

Chiedo al barista se l'ha vista, niente.

Chiedo ai passanti, descrivo Lisetta, la gente mi guarda **stupita**[17]. Non possono capire.

Continuo a correre, non so neanch'io cosa spero di trovare.

Lei non c'è, non c'è più.

Vago[18] senza meta, esausto e **sconvolto**[19]. Poi mi ritrovo davanti ai Carabinieri.

"Buongiorno, vorrei fare una **denuncia di furto**[20]: la mia bicicletta".

12 **fondersi** - verschmelzen
13 **guardare senza fiato** - sprachlos betrachten
14 **la pratica** - der Vorgang
15 **smaltire** - erledigen
16 **il cortile** - der Hof
17 **stupito** (Adj.) - erstaunt, verdutzt
18 **vagare** - umherziehen
19 **sconvolto** (Adj.) - erschüttert
20 **la denuncia di furto** - die Diebstahlsanzeige

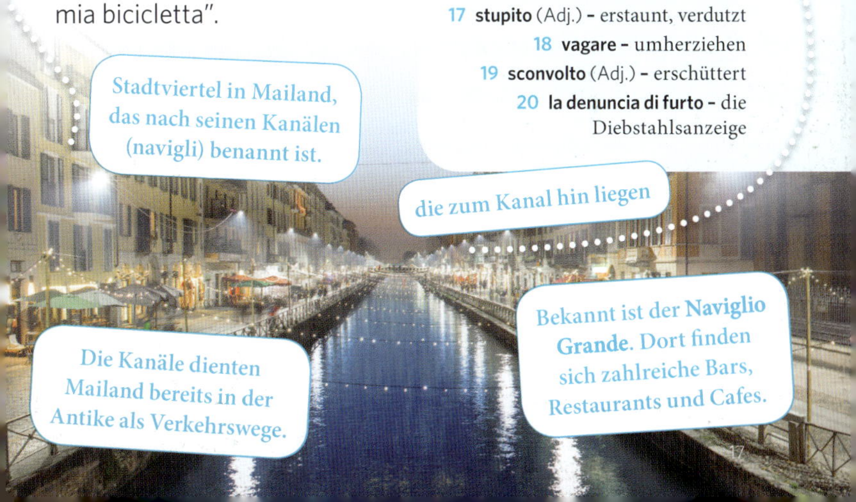

3 QUANDO CALA[1] IL VENTO

Palau, 23 marzo 2017 – biglietto sul tavolo della cucina

Diego, vado via per qualche giorno, non cercarmi.
Dobbiamo pensare. E io ho bisogno di tempo.
Non so più che cosa voglio.
Mi dispiace. Lara

23 marzo, ore 02.16 – sms

Torna, torna. La mia vita non ha senso senza di te.
Ti chiedo perdono. Perdonami. Perdonami.
D.

24 marzo, ore 17.34 - mail

Da stamattina sono su questa terrazza. **Mi sposto**[2] mentre passano le ore per non perdere un solo raggio di sole. Di calore.

Guardo il mare. Tu sei dall'altra parte e mi stai cercando.

Lo so.

So tutto di te. So cosa pensi quando osservi qualcosa in silenzio. Conosco le **impronte**[3], sempre uguali, che hai sul viso la mattina appena sveglio.

So che la vostra **storiella**[4] non è iniziata ieri. So che non la ami, so che è stata una **debolezza**[5], so che vuoi me.

Ma non basta. Non mi basta più.

Scrivo con fatica, da ore ho davanti questo computer, **digito**[6] qualche carattere e poi cancello.

Contemplo[7] questa luce che **ferisce**[8] la superficie dell'acqua prima di morire. Mi chiedo perché. Eravamo felici.

Possiamo esserlo ancora?

So che non hai risposte.

L.

1 **calare** - abflauen
2 **spostarsi** - rücken
3 **l'impronta** (f.) - der Abdruck
4 **la storiella** - das Verhältnis
5 **la debolezza** - die Schwäche
6 **digitare** - eintippen
7 **contemplare** - betrachten
8 **ferire** - verletzen

24 marzo, ore 20.32 - mail

No, no, è tutto sbagliato.
Dimmi[9] dove sei. Vengo a prenderti. Parliamo.
Devo spiegarti. Ho **un mucchio**[10] di risposte da darti.
D.

24 marzo, ore 20.47 - sms

Dove sei?
Ho bisogno di te.
D.

24 marzo, ore 22.58 - sms

Impazzisco[11]. Lo capisci?
Dimmi dove sei.
Sei alla Maddalena?
D.

25 marzo, ore 01.11 - sms

Tu impazzisci? Tu!?!
Dormi e **lasciami in pace**[12]!
L.

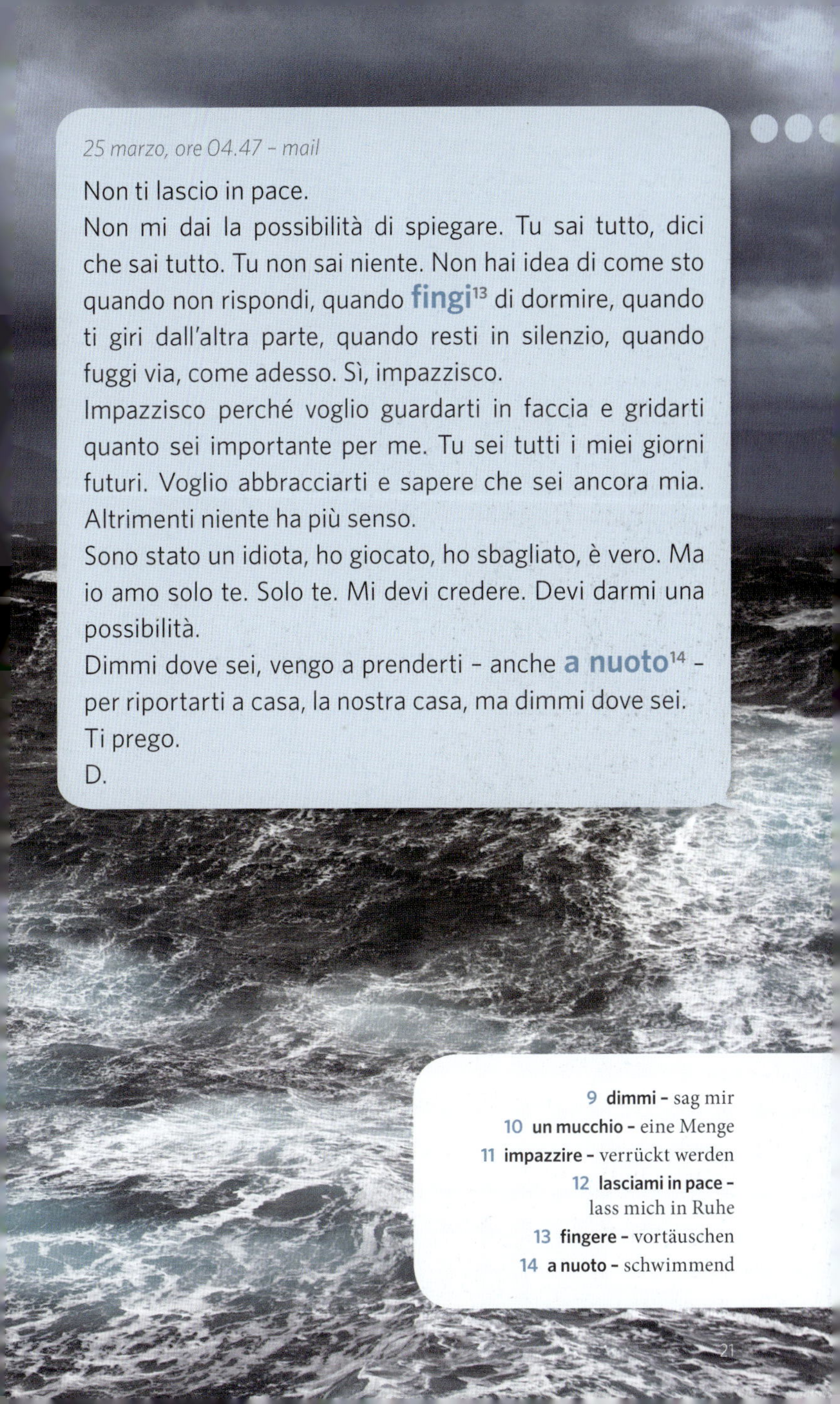

25 marzo, ore 04.47 - mail

Non ti lascio in pace.
Non mi dai la possibilità di spiegare. Tu sai tutto, dici che sai tutto. Tu non sai niente. Non hai idea di come sto quando non rispondi, quando **fingi**[13] di dormire, quando ti giri dall'altra parte, quando resti in silenzio, quando fuggi via, come adesso. Sì, impazzisco.
Impazzisco perché voglio guardarti in faccia e gridarti quanto sei importante per me. Tu sei tutti i miei giorni futuri. Voglio abbracciarti e sapere che sei ancora mia. Altrimenti niente ha più senso.
Sono stato un idiota, ho giocato, ho sbagliato, è vero. Ma io amo solo te. Solo te. Mi devi credere. Devi darmi una possibilità.
Dimmi dove sei, vengo a prenderti - anche **a nuoto**[14] - per riportarti a casa, la nostra casa, ma dimmi dove sei.
Ti prego.
D.

9 **dimmi -** sag mir
10 **un mucchio -** eine Menge
11 **impazzire -** verrückt werden
12 **lasciami in pace -** lass mich in Ruhe
13 **fingere -** vortäuschen
14 **a nuoto -** schwimmend

le lenzuola (immer Pl.)

die Bettwäsche

Inselgruppe vor Sardinen

Strand au
Maddalen

25 marzo, ore 10.27 – mail

Vorrei credere ancora in te.
Vorrei solo **abbandonarmi**[15] a te, ritrovare quello che eravamo, ma il vento mi tiene qui.

Sì, sono alla **Maddalena**. Sono venuta a **Punta Tegge**, dalla signora Barbara. Mi ha dato la nostra stanza.
C'è ancora l'impronta della tua ciabatta sul muro, di quella notte di **zanzare**[16].
Le **lenzuola** bianche, il **cotto** per terra.
È tutto come sempre.
Spalanco le finestre anche se è freddo. Lascio entrare questo **maestrale** prepotente. Arriva il mare fin dentro le **narici**. È quello che mi fa piangere: non riuscire a fuggire dai nostri odori.
Non posso tornare. Non ci sono navi finché non cala il vento. Non c'è modo di tornare.
Il mare ci divide.
Il mare tiene ancora insieme la mia piccola isola e la tua isola grande.
L.

der Mistral

la narice

das Nasenloch

die Tonfliese

il molo

25 marzo, ore 12.56 - sms

Sono qui, sul **molo**, a prendere **schiaffi**[17] dal maestrale.
Me li merito. Prendo la prima nave. Aspettami.
D.

25 marzo, ore 17.13 - sms

Forse in serata.
Aspettami, intanto scrivimi. Non mi dimenticare, amore.
D.

25 marzo, ore 21.19 - sms

È notte ormai, il vento **fischia**[18] dietro i vetri fragili.
Non arrivi. Me lo merito.
L.

25 marzo, ore 21.48 - sms

Sei sicura? Apri la porta, **sto bussando** piano.
D.

15 **abbandonarsi -** sich ergeben
16 **la zanzara -** die (Stech)mücke
17 **lo schiaffo -** die Ohrfeige
18 **fischiare -** pfeifen

4 MATRIMONIO A VENEZIA

La mia migliore amica si sposa. Quando me lo dice piango, poi **ridiamo a crepapelle**[1], ci abbracciamo e iniziamo a parlare di tutti i dettagli: il **vestito**, le **fedi**, **velo** sì o velo no, le scarpe. Ogni tema è motivo di **sospiri**[2] e risate **eccitate**[3].

Poi a un certo punto lei diventa seria: "Devo chiederti una cosa. Mi fai da **damigella**[4]?".

Damigella?

Ma sono vecchia! No, non posso… e non voglio stare tutto il giorno al centro dell'attenzione, no, e poi non sono più una ragazzina, sono sposata, ho due figli.

"Certo, che ti faccio da damigella!", le rispondo.

"Voglio solo pochi familiari e qualche caro amico, sarà una cerimonia intima. Voglio un matrimonio essenziale, solo tanto amore nell'aria".

"Mi sembra un sogno, sarà meraviglioso!". Ci lasciamo con le lacrime agli occhi per l'emozione.

Lo penso davvero: sarà stupendo, un giorno da ricordare.

Qualche settimana dopo, accompagno Carlotta a comprare l'abito, forse è il momento più importante: il vestito della sposa **segna**[5] lo stile del matrimonio.

"Ho già visto qualcosa che mi piace molto, lo provo subito, tu chiudi gli occhi!", mi dice. Chiudo gli occhi.

Quando li riapro **non riesco a crederci**[6]: ero preparata a qualcosa di molto semplice (*"cerimonia essenziale, solo tanto* *amore nell'aria..."*) e invece non riconosco neanche la faccia della mia amica sotto tutto quel **tulle**.

"Allora, che ne pensi?".

Sono senza parole.

"Che ne penso? Io, veramente... il matrimonio semplice... solo tanto amore nell'aria...", **balbetto**[7].

"Ci sposiamo una volta sola nella vita, no?", **sprizza gioia da tutti i pori**[8].

"Speriamo", sospiro.

1 **ridere a crepapelle** - sich kugeln vor Lachen
2 **il sospiro** - der Seufzer
3 **eccitato** (Adj.) - aufgeregt
4 **la damigella** - die Brautjungfer
5 **segnare** - bezeichnen
6 **non riesco a crederci** - ich kann es nicht glauben
7 **balbettare** - stammeln
8 **sprizzare gioia da tutti i pori** - außer sich sein vor Freude

Da questo momento il matrimonio diventa IL MATRIMONIO. La mia amica ha deciso che Roma è troppo ordinaria, meglio organizzare la cerimonia a Venezia.
Cosa c'è di più romantico di Venezia? Arrivo della sposa in gondola, foto a **piazza San Marco** con i **piccioni** in volata, cena sulla laguna al tramonto. Tanto siamo *pochi* intimi. Poi diventiamo rapidamente *tanti* intimi – diciamo un centinaio, forse il doppio.
"Perché sposarsi a Venezia, se nessuno ti vede?", mi chiede. E poi ci sposiamo una volta sola nella vita, no? Speriamo.

La mia amica ha deciso che Roma è troppo ordinaria, meglio organizzare la cerimonia a Venezia. Cosa c'è di più romantico di Venezia?

la meringa

das Baiser

Quando andiamo a scegliere il mio abito, resto a guardarmi allo specchio per un quarto d'ora. Sembro una **meringa**, una meringa blu. Però mi piaccio. Il vestito è simile a quello della sposa, più leggero, ma lungo fino ai piedi. Devo mettere i **tacchi alti**[9] per non **inciampare**[10].
Decido che è un sacrificio che posso fare per essere la damigella della mia migliore amica.

die Taube

il piccione

Die **Piazza San Marco** (Markusplatz) ist der bekannteste Platz Venedigs. Dort stehen auch die Markuskirche mit ihrem berühmten **Campanile** und der Dogenpalast.

Der Platz ist 175 Meter lang und rund 80 Meter breit.

Der **Canale Grande** ist der zentrale Wasserweg durch Venedig.

È luglio. Arriviamo a Venezia intorno a mezzogiorno, fa troppo caldo. Lasciamo i bagagli presso il nostro piccolo albergo nel centro storico. Abbiamo un paio d'ore prima della cerimonia e la mia famiglia vuole fare una passeggiata lungo le Fondamenta, per le **calli**[11], tra i ponti sui **canali**.

In Venedig gibt es rund 175 Kanäle.

9 **il tacco alto** – hoher Absatz
10 **inciampare** – stolpern
11 **la calle** – die Gasse (nur in Venedig)

Venezia è davvero unica. Vorrei continuare a camminare per sempre, ma fa talmente caldo che mi gira la testa. E poi mi fanno male i piedi, meglio tornare in albergo.
Mi preparo, ma sono tutta **sudata**[12]: i capelli si incollano al viso e l'eyeliner **si scioglie**[13]. Poi finalmente è il momento della mia meravigliosa "meringa blu". Per fortuna l'insieme non è così male. Metto dei kleenex sotto le **ascelle**[14]: non voglio rovinare il vestito.
Siamo pronti, andiamo.
Accidenti, ho i piedi talmente gonfi che le scarpe non entrano. Le riempio di **borotalco**[15], ma mi fanno troppo male: non posso affrontare così l'intera giornata.
È tardi. Alla fine metto le mie ballerine.
Raggiungiamo gli altri invitati, ogni tanto l'abito finisce sotto le scarpe, devo stare attenta. Aspettiamo la sposa per procedere con il **corteo**[16] in gondola e arrivare in chiesa. Il sole è alto: gli uomini soffrono in giacca e cravatta e le donne sono tutte provviste di **ventaglio**. Tutte, tranne me.

Mentre cerco un po' d'ombra in un vicolo, un piccione mi fa un'enorme cacca sul vestito. Non ci credo: ho il vestito tutto sporco! Mi viene da piangere.

Lancio un urlo. Mio marito accorre, ha delle salviette in tasca. "Dai, la cacca porta fortuna", mi dice. Vorrei **strozzarlo**[17], ma non ne ho la forza. Riusciamo a pulire il vestito alla meglio proprio mentre la sposa finalmente arriva.

Sono davvero **provata**[18] dal caldo. Cerco di non pensare ai miei piedi gonfi, al sudore, alla cacca di piccione, ora è il momento di accompagnare in gondola la mia migliore amica che si sposa nella splendida laguna di Venezia.

Il gondoliere aiuta il padre della sposa a prendere posto nell'**imbarcazione**, poi Carlotta leggera e agile fa un balzo e si siede accanto a lui. Infine il ragazzo con **cappellino di paglia** e **maglia a righe** mi sorride e mi offre la mano. La prendo, **mi sporgo**[19] e il vestito finisce sotto il mio piede mentre con l'altro vorrei raggiungere anch'io la gondola. Ma no, non la raggiungo.

È un attimo e sono in acqua.
Dai, la cacca porta fortuna.
E sì, che doveva essere un giorno da ricordare!

12 **sudato** (Adj.) - verschwitzt
13 **sciogliersi** - schmelzen
14 **l'ascella** (f.) - die Achselhöhle
15 **il borotalco** - der Körperpuder
16 **il corteo** - der Umzug
17 **strozzare** - erwürgen
18 **provato** (Adj.) - erschöpft
19 **sporgersi** - sich vorbeugen

Murano ...

... ist eine Inselgruppe im Nordosten Venedigs.

Weltbekannt ist die **Glaskunst** aus Murano, die bis in die Antike zurückgeht.

il vetro

das Glas

Murano besteht aus **7 einzelnen Inseln**, die durch Kanäle getrennt und durch Brücken miteinander verbunden werden.

Millefiori bedeutet **1000 Blumen** und bezeichnet eine spezielle Glassorte, die typisch für Murano ist.

il soffiatore del vetro

der Glasbläser

Burano …

… liegt ebenfalls in der **Lagune von Venedig** und besteht aus **4 einzelnen Inseln**. Burano ist bekannt für ihre leuchtend bunten Häuser.

Einer Legende nach dienten die kräftigen Farben ihrerzeit dazu, den Fischern bei Nebel oder auch nach dem einen oder anderen Glas zu viel das Erkennen des eigenen Hauses zu erleichtern.

So wie Murano für ihr Glas, ist Burano für ihre **Spitzenstickerei** berühmt. Zwischen dem 16. und dem 18. Jh. lebten viele Fischersfrauen von ihrem Kunsthandwerk.

il merletto – die Spitze

5 LA "PUPA" CON I BAFFI

Corre l'anno 1679. Io sono Giuseppe, **vignaiolo**[1] da generazioni, nato e cresciuto a Grottaglie.
Ho incontrato Maria Carmela al mercato del sabato. Bella, elegante, una madonna.
Lei stava al **banco di stoffe** del padre, io ero là per affari.
Per mesi, ogni sabato, sono andato al mercato con la speranza di vederla. Ogni volta mi avvicinavo, facevo un cenno, lei abbassava gli occhi e dentro mi sentivo il cuore scoppiare.
Così un giorno ho chiesto di parlare col padre. Avevo i miei argomenti: la mia posizione, la **tenuta**[2] di famiglia, decine e decine di lavoratori sotto il mio controllo; potevo offrire una vita da signora alla figlia e non avevo bisogno di **dote**[3]. E il padre ha accettato.

Le nozze sono vicine. Ogni domenica vado a trovare Maria Carmela. Nei rari momenti in cui siamo soli lei sembra felice. Fra poco sarà mia moglie, mia.

Poche settimane prima del **matrimonio**[4] il padre mi ha informato di un particolare che ignoravo: lo *ius primae noctis*. Il nobile signore del **feudo**[5] ha il diritto di passare la prima notte di nozze con la mia Maria Carmela.

Non riesco a crederci[6].

Se solo penso alle mani di un altro uomo sulla pelle candida e delicata della mia fidanzata mi sento male.

Devo assolutamente trovare una soluzione.

Maria Carmela ha paura, ma è **rassegnata**[7].

Io no, io non mi rassegno.

Mancano pochi giorni al matrimonio, le donne della famiglia hanno preparato le stanze degli sposi, i piatti e le bevande per la festa. Sarà indimenticabile!

Sono solo preoccupato per quello che verrà dopo.

Mi sveglio all'alba sudato e agitato. In sogno mi è apparsa la soluzione: uccidere il signore!

Mi travesto[8] da donna, mi reco al palazzo al posto di Maria Carmela, entro nelle sue stanze e lo **ammazzo**[9].

Questo pensiero mi dà sollievo. Mi confido con Maria Carmela, lei piange. Ha paura. Ma io ho deciso: piuttosto la morte che sapere mia moglie tra le braccia del signore!

1 **il vignaiolo** - der Weinbauer
2 **la tenuta** - das Landgut
3 **la dote** - die Mitgift
4 **il matrimonio** - die Hochzeit
5 **il feudo** - der Großgrundbesitz
6 **non riesco a crederci** - ich kann es nicht glauben
7 **rassegnato** (Adj.) - resigniert
8 **travestirsi** - sich verkleiden
9 **ammazzare** - umbringen

Il giorno delle nozze passa veloce, cala la sera a suon di musica: si balla, si beve il vino buono, la notte si avvicina.
Io mi preparo: prendo un vecchio vestito di mia madre, il più colorato. Lo infilo. Indosso una specie di **parrucca**[10]. Metto **veli**[11] sul capo e uno scialle a coprire le spalle. Il buio farà il resto.
Un'ultima cosa: il coltello. Lo sistemo tra le **mutande**[12] e la gonna.
Anche Pinuccio, uomo di fiducia di mio padre, è a conoscenza del piano. È lui ad accompagnarmi al palazzo del signore. È una notte senza luna per fortuna. Supero senza problemi le guardie all'ingresso. Al portone mi accoglie una donna robusta che mi accompagna dentro.

Seinen Namen hat **Grottaglie**, weil die Bevölkerung der Region im 5. Jh. in den Höhlen der Umgebung lebte.

Später im 10. Jh. verließen sie die Höhlen und bauten verstärkte Mauern, die das heutige Grottaglie umgeben.

la candela

die Kerze

Eccomi davanti alla porta della camera. Sono agitato. Sento il coltello sul fianco.

Busso con la delicatezza della più timida delle **vergini**[13].

das Himmelbett

"Entra!", è una voce bassa, profonda.

Entro. Richiudo la porta.

La stanza è grande. C'è un **letto a baldacchino** sulla sinistra, uno specchio sul lato opposto. Un tavolino al centro, qualche libro. Poche **candele** accese. Lui è a dieci passi da me. Io tengo lo **sguardo**[14] basso.

"Togli questi veli, lasciati guardare".

Lui si avvicina. Alza il velo che mi copre il capo. Ci guardiamo. Vedo l'orrore e la sorpresa sul suo viso. Lo specchio alle sue spalle mi **restituisce**[15] la mia immagine: i **baffi**! Non ho tagliato i baffi!

Come ho fatto a dimenticare una cosa del genere?

"Guardie! **Tradimento**[16]!", urla il signore.

Tiro fuori il coltello.

In pochi secondi accorrono tre guardie che mi immobilizzano e mi rinchiudono in uno stanzino buio e umido.

È finita.

Alza il velo che mi copre il capo. Ci guardiamo. Vedo l'orrore e la sorpresa sul suo viso. Lo specchio alle sue spalle mi restituisce la mia immagine: i baffi! Non ho tagliato i baffi!

10 **la parrucca** – die Perücke
11 **il velo** – der Schleier
12 **le mutande** (im Ital. immer Pl.) – die Unterhose
13 **la vergine** – die Jungfrau
14 **lo sguardo** – der Blick
15 **restituire** – zurückgeben
16 **il tradimento** – der Verrat

i baffi

(immer Pl.)

der Schnurrbart

la cantina

(hier:) der Weinkeller

Con le prime luci dell'alba arriva una guardia, mi lega i polsi e mi spinge fuori: "Il signore vuole parlarti".
"Sono rimasto molto colpito dalla tua **astuzia**[17]", dice. "Per questo voglio darti una possibilità. Voglio tutto il vino migliore delle tue **cantine**, in cambio sei libero di tornare dalla tua sposa".
Mi sono inchinato, sfinito, **sollevato**[18]. "Accetto. **Chiedo** umilmente **perdono**[19]".
Così sono tornato da Maria Carmela. Ho svuotato le cantine e ho continuato a dare il mio vino al signore per molto tempo, ma Maria Carmela è mia, solo mia. Ed è l'unico *ius* che conosco.

Questa leggenda spiega la produzione a Grottaglie di anfore antropomorfe che raffigurano una donna baffuta, la **"pupa"** con i baffi, appunto. A Grottaglie esiste un vero e proprio quartiere storico, il "quartiere delle ceramiche", dove operano i tanti **artigiani** che lavorano l'**argilla** rossa di cui è ricca la zona.

l'argilla (f.)

der Ton

l'artigiano (m.)

der Kunsthandwerker

In Grottaglie wird schon seit dem 18. Jh. **Keramik** hergestellt. Die Kunsthandwerker entstammen Familien, in denen das Wissen über die Jahrhunderte weitergegeben wurde.

17 **l'astuzia** (f.) - die Schlauheit
18 **sollevato** (Adj.) - erleichtert
19 **chiedere perdono** - um Verzeihung bitten

6 LE MIE VACANZE IN TRENTINO

È un complotto.
Il dottore ha consigliato aria di montagna per i bambini e mio marito ne **ha approfittato**[1] subito per portare a casa guide turistiche sulle Dolomiti. Io non ho detto nulla. Voglio andare al mare e basta.
Per puro caso, qualche giorno dopo, mi è capitato tra le mani un vecchio libro. Parlava della vita dura di montagna, degli insegnamenti della natura. Per un momento ho considerato l'idea di fare una buona volta questa nuova esperienza: la montagna può regalare belle emozioni.
L'indomani però ho trovato una **svendita**[2] di costumi da bagno, ne ho comprati dieci e ho dimenticato il vecchio libro.
Così, l'astuto marito ha giocato l'unica carta possibile: il **senso di colpa**[3] materno.
Dopo un'altra influenza dei piccoli, mi ha detto con noncuranza: "Se proprio vuoi prenotare al mare...".
Arrabbiata, ho alzato le braccia: "E va bene. Andiamo sulle Dolomiti, ma occupati tu di tutto".
Dopo questa conversazione non ho più toccato l'argomento, ma di nascosto sono andata su internet alla ricerca di ispirazioni per l'**abbigliamento**[4] da montagna. Ho capito che per superare il trauma devo concentrarmi su qualcosa di divertente.
Così ho comprato quantità di pantaloncini modello Indiana Jones, scarponcini che

1 **approfittare** - ausnutzen
2 **la svendita** - der Ausverkauf
3 **il senso di colpa** - das Schuldgefühl
4 **l'abbigliamento** (m.) - die Bekleidung

proteggono dalle **vipere** e maglie in tessuto tecnico. E poi cappellini colorati, occhiali da sole e zainetti con mille tasche.

Per la prima volta da quando siamo sposati mio marito non ha fatto alcun commento sullo shopping, ha alzato gli occhi al cielo e si è grattato la testa.

Luglio è arrivato. Fare i bagagli è stato semplice: **ho rovesciato**[5] le buste degli ultimi **acquisti**[6] in valigia e ho aspettato soddisfatta il rientro di mio marito dall'ultimo giorno di lavoro.

Quando è tornato a casa ha fissato perplesso i due grandi trolley all'ingresso. "Forse è meglio mettere tutto in due grandi zaini".

"Zaini? Stai scherzando?".

"Credevo di avertelo detto: c'è un pezzo di strada da fare per raggiungere il **rifugio**[7]. Le auto non ci arrivano. Dobbiamo andare a piedi".

"Che cosa?!? E chi porterà le valigie?".

"Appunto. Servono due zaini e dobbiamo portarli su noi. In spalla".

È un complotto, adesso ne sono sicura: sono finita in uno di quei *reality* in cui tutti sono d'accordo a fare impazzire il povero protagonista. Ma io sono più forte.

Preparo gli zaini in uno stato di **distacco**[8] zen e vado a dormire.

Il viaggio da Roma a Bolzano è lungo, ma stranamente le sette ore in auto volano. I bambini sono tranquilli: contano tutte le macchine rosse e poi tutte quelle bianche, mangiano i loro panini e giocano con le carte senza litigare neppure una volta. Facciamo una sosta a metà strada per un caffè in autogrill e per usare il bagno.

Io sono silenziosa, non ho ancora **mandato giù**[9] l'idea di trascorrere le ferie in montagna, sono molto spaventata dalla fatica fisica e dalle prove che mi aspettano. Mio marito ha adottato una strategia precisa e diabolica: non raccoglie il mio

malumore e **incita**[10] i bambini all'entusiasmo. Loro iniziano a fare elenchi di luoghi da esplorare, di animali da vedere e di avventure da vivere. Il loro entusiasmo è **contagioso**[11] e ascoltarli ridere e chiacchierare mi strappa un sorriso.
E comunque ormai è fatta: siamo quasi arrivati.
La salita lungo i **tornanti**[12] mi **mette a dura prova**[13]: mi viene da **vomitare**[14].
Ma non è finita qui. Mio marito parcheggia l'auto: "Avanti, zaini in spalla e scarponcini ai piedi! Dobbiamo arrivare al rifugio prima del tramonto".
Tutta questa determinazione comincia a irritarmi. Sono così nervosa che metto in spalla uno degli zaini e senza guardarmi attorno prendo il sentiero di montagna e cammino a testa bassa come un **mulo**.
Sì, ha tutta l'aria di un complotto. Loro mi seguono, li sento allegri alle mie spalle. Ho appena preso il passo e mi accorgo che si sono fermati. Mio marito ha la cartina in mano, i bambini cercano tesori sotto le pietre.
Troveranno una cacca, me lo sento. Voglio intervenire, ma non ne ho il tempo.
"Proseguiamo, ci siamo quasi". Riprendiamo la marcia. **Mi arrampico**[15] su **sentieri rocciosi**, sono stanca. I piccoli invece sembrano **caprette** e saltellano leggeri.

5 **rovesciare** - umkehren
6 **l'acquisto** (m.) - der Kauf
7 **il rifugio** - die Berghütte
8 **il distacco** - der Abstand
9 **mandare giù** (ugs.) - hinunterschlucken
10 **incitare** - anregen
11 **contagioso** (Adj.) - ansteckend
12 **il tornante** - die Haarnadelkurve
13 **mettere a dura prova** - strapazieren
14 **vomitare** - erbrechen
15 **arrampicarsi** - klettern

Io ho caldo, ho paura di cadere, sento il peso dello zaino che mi riporta a valle, non vedo l'ora di arrivare.

Dopo qualche curva, vediamo in alto una graziosa costruzione con **tetti spioventi**, **il cielo si tinge di rosa**[16] e tutt'attorno, come una corona, le **vette della Val di Fiemme**.

Per la prima volta mi rendo conto del silenzio che ci circonda. Devo essere sincera, da qui la vista è molto **suggestiva**[17], quasi commovente.

Ancora poche centinaia di metri e arriviamo al rifugio. Si tratta di un **maso**, un'abitazione povera, quasi interamente di legno, tipica di queste zone, dove tradizionalmente i contadini e gli **allevatori**[18] vivevano e tenevano le proprie bestie da **pascolo**.

"Quindi dormiremo in una stalla?".

Mio marito mi sorride: "Per te solo stalle a cinque stelle, però!".

Voglio rispondere, ma incontriamo il personale che ci accoglie gentile e ci mostra la nostra stanza, in perfetto stile di montagna:

schneeweiße Bettwäsche

pareti in legno, **biancheria candida**, pochi **soprammobili** e una grande finestra sulle **Torri del Latemar**[19], che sembrano ghiacciate e brillano nella luce rosa del tramonto.

Finalmente posiamo gli zaini e **maledico**[20] l'ennesimo paio di pantaloncini portati "perché **non si sa mai**[21]". Mi sento distrutta.

Mentre i bambini saltano da un letto all'altro e si arrampicano dove possono come **scimmie**[22], mio marito mi abbraccia e così tutte le **tensioni**[23] vanno via.

Dopo una doccia, andiamo nella veranda dell'albergo dove il personale ci mostra il ricco buffet con prodotti del luogo: speck e formaggi serviti con miele, frutta fresca e conserve, **Schüttelbrot** e canederli in brodo. E poi varie specialità di carne, dal cervo al **camoscio**[24].

Sotto sotto[25] comincio a divertirmi.

Attorno, il cielo si fa **incandescente**[26], i miei figli hanno già trovato bambini con cui giocare.

"Sono sicuro che questa vacanza ti piacerà", mi sussurra mio marito mentre fa **tintinnare**[27] il mio bicchiere con il suo.

"Siamo sulla buona strada!".

die Nippesfigur

il soprammobile

typisches knuspriges Fladenbrot in Südtirol

16 **il cielo si tinge di rosa** – der Himmel verfärbt sich rosa
17 **suggestivo** (Adj.) – beeindruckend
18 **l'allevatore** (m.) – der Züchter
19 **Torri del Latemar** – Berg in den Dolomiten
20 **maledire** – verdammen
21 **non si sa mai** (Rdw.) – man kann nie wissen
22 **la scimmia** – der Affe
23 **la tensione** – die Spannung
24 **il camoscio** – die Gämse
25 **sotto sotto** – insgeheim
26 **incandescente** (Adj.) – glühend
27 **tintinnare** – klingeln

7 MISTERO A MATERA

"Fiocco, vieni qui! Andiamo a fare un giro?". Fiocco è il cane di Francesco. Hanno la stessa età, otto anni.
"Non **abbaiare**[1] forte, altrimenti la mamma ci sente e non ci fa più uscire!".
In realtà la mamma di Francesco **si fida**[2] di Fiocco: quando è con il cane, il bambino può uscire da solo e giocare in strada con gli amichetti. L'importante è tornare a casa prima di sera.
"Andiamo, gli altri ci aspettano alla piazzetta". Francesco vive a Matera, nella città vecchia dei "**sassi**".
I genitori di Francesco, Rosa e Rocco, hanno un bed and breakfast e sono sempre molto occupati. Così lui passa i pomeriggi con il suo cane.

Nella Matera vecchia le auto non possono circolare, le vie sono troppo **strette**, anzi, ci sono poche strade vere e proprie. **Più che altro**[3] è un labirinto di scale e per i bambini è un parco dei divertimenti: **giocare a nascondino**[4] qui diventa un'avventura fantastica.
Anche Fiocco **partecipa**[5] al gioco e trova sempre tutti per primo. Inoltre conosce ogni angolo e vicolo della città e quando si nasconde nessuno riesce a trovarlo.

typisches Nudelgericht aus Apulien

Quella sera, i due amici tornano a casa appena in tempo per la cena. La mamma ha preparato le **orecchiette al sugo**: sono così buone che anche il cane riceve una porzione nella sua ciotola.
"Oggi pomeriggio è successo un fatto strano: il milanese con i baffi della camera numero 3 non trova più il suo ombrello blu, lasciato all'ingresso ieri sera", dice Rosa. "Tu, **per caso**[6], hai visto quell'ombrello, Francesco?".
"No", il bambino scuote la testa con la bocca e le guance sporche di sugo.

1 **abbaiare** – bellen
2 **fidarsi di qc** – jmdm. vertrauen
3 **più che altro** – vor allem
4 **giocare a nascondino** – Verstecken spielen
5 **partecipare a qc** – an etw. teilnehmen
6 **per caso** – zufällig (Adv.)

"Domani mattina lo cerchiamo meglio. Ci aiuti anche tu, Fiocco?", chiede la mamma.
Il cane, con la pancia piena, esce dalla cucina.

Il giorno dopo, Francesco torna da scuola, come sempre accompagnato da Fiocco. Entra nel B&B dei suoi genitori: "Ciao!", grida.
Dalla sala da pranzo sente un gran **trambusto**[7]. *"No possibile. Glasses, occhiali su tavolo. Dove occhiali? Io no vede! Can't see, need my glasses"*, urla una signora.
Cerca i suoi occhiali ed è molto agitata.
Rosa non sa cosa rispondere, la **rassicura**[8], le offre una spremuta di limone fresca.
Francesco capisce che non è il momento di interrompere e va in cucina.
Lì c'è zia Mariella, la sorella di Rosa, fa la cuoca per il B&B. "Vieni, tesoro, siediti, è pronto. Oggi mamma e papà hanno da fare, mangiano tardi. Ti va la pasta al forno?".

"Fiocco, nel B&B c'è un ladro, dobbiamo scoprire chi è!".

Francesco si lava le mani velocemente e prende posto a tavola: la pasta al forno è il suo piatto preferito. E anche quello di Fiocco... Ma dov'è Fiocco? Il bambino si volta e vede la coda bianca del cane sparire dietro la porta.

"Accidenti, dove sta il **tovagliolo**?", chiede zia Mariella. "È strano, sono sicura di averlo messo sul tavolo... Pazienza, usa quello di carta e buon appetito!".

Francesco mangia con piacere il suo pranzo, ma nel frattempo riflette sulle varie **sparizioni**[9]: prima l'ombrello del signore di Milano con i baffi, poi gli occhiali della signora inglese e adesso il tovagliolo. È davvero un mistero. Francesco ci pensa e ci ripensa: un ladro! Sicuramente nel B&B c'è un ladro!

"Fiocco, Fiocco! Vieni qui, c'è una missione per noi!", grida il bambino. L'amico arriva **scodinzolando**[10] e appoggia il **muso**[11] sulle sue ginocchia.

"Fiocco, nel B&B c'è un ladro, dobbiamo scoprire chi è!". Il cane piega la testa da un lato e poi si gira per cercare la sua ciotola.

"Dai, Fiocco, che cosa ti succede? È un'emergenza, dobbiamo iniziare le ricerche!". Ma l'animale non sembra sentire e continua a mangiare.

"Va bene, allora vado da solo!".

Francesco comincia le **indagini**[12]. Prima di tutto bisogna andare nei luoghi delle sparizioni: l'ingresso del B&B, la sala da pranzo e la cucina.

7 **il trambusto -** das Getümmel
8 **rassicurare -** beruhigen
9 **la sparizione -** das Verschwinden
10 **scodinzolare -** mit dem Schwanz wedeln
11 **il muso -** die Schnauze
12 **l'indagine** (f.) **-** die Untersuchung

Con una vecchia **lente d'ingrandimento**, rubata a nonno Armando, Francesco osserva ogni particolare di tutte le stanze. **Si aggira**[13] per il B&B come un vero detective. Gli manca solo il suo amico fidato. "Non capisco perché Fiocco non mi aiuta. Uffa!".

Dopo un intero pomeriggio di inutili ricerche, Francesco si getta su una poltrona, molto stanco.
A un certo punto vede arrivare Fiocco, che ha un oggetto in bocca e sta andando verso il cortile.
Il bambino capisce che **c'è sotto qualcosa**[14]: lo spia dalla finestra senza farsi vedere. Fiocco infila il muso dietro la legna **accatastata**[15] in cortile, poi si volta e rientra in casa.
Francesco è emozionato, forse ha risolto il mistero delle sparizioni!
A piccoli passi, senza fare rumore, il bambino va in cortile e guarda dietro la legna: un ombrello blu, un paio di occhiali da vista, un tovagliolo e un **posacenere**, forse quello che il cane aveva in bocca poco fa.
"Fioccoooooooo!", grida eccitato Francesco con gli oggetti tra le mani.
Il cane **accorre**[16] e capisce che il bambino ha scoperto il suo segreto. Fa una faccia così buffa che Francesco lo perdona immediatamente e gli **fa l'occhiolino**[17], deciso a riportare tutto al proprio posto, senza conseguenze per il suo amico a quattro zampe.

Orecchiette con le cime di rapa

(Orecchiette mit Stängelkohl)

Zutaten für 4 Personen:

500 gr. hausgemachte Orecchiette
Olivenöl (extra vergine)
2 Knoblauchzehen
500 gr. Stängelkohl
6 Sardellenfilets in Öl
1 kleine Paprika
Salz

Zubereitung:

Stängelkohl waschen. In einem großen Topf Wasser zum Kochen bringen, mit grobem Meersalz salzen und den Stängelkohl und die Orecchiette hineingeben. Ca. 10 Minuten kochen (oder bis die Pasta gar, aber das Gemüse nicht zu weich ist). Abgießen und in eine Pfanne geben, in der zuvor in ausreichend Olivenöl die Knoblauchzehen zusammen mit den Sardellenfilets und der Paprika angebraten wurden. Alles gut durchmischen, servieren und noch einen Nachschlag nehmen!

Cime di rapa sind wörtlich **Rübenspitzen.** In Deutschland ist das Gemüse leider etwas schwer zu finden – aber die Suche lohnt sich! Es schmeckt herrlich würzig. Fragen Sie in italienischen oder auch türkischen Läden nach **Stängelkohl** oder **Rübstiel.**

13 **aggirarsi -** herumgehen
14 **c'è sotto qualcosa** (Rdw.) **-** es steckt etwas dahinter
15 **accatastato** (von: accatastare) **-** gestapelt
16 **accorrere -** herbeieilen
17 **fare l'occhiolino** (m.) **a qc. -** jdm. zuzwinkern

8 UN'ESTATE IN SALENTO

"Siamo delusi, Riccardo. **Sei stato bocciato**[1] e adesso devi ripetere l'anno scolastico. Non sappiamo più cosa fare con te", la madre del ragazzo non urla, ma ha l'aria triste. Riccardo è confuso, sopporta la **ramanzina** in silenzio. Aspetta il momento buono per uscire, prendere il motorino e raggiungere Greta, la sua ragazza, per iniziare l'estate tanto attesa.

"Abbiamo sbagliato anche noi, certo. Ma adesso basta", il padre è duro, guarda il figlio negli occhi, è molto arrabbiato.

Riccardo ha l'istinto di **ribellarsi**[2], vuole uscire, è estate, tutti i suoi amici sono già liberi, in giro per Milano.

Apre la bocca per urlare, ma sceglie di sussurrare: "Posso andare adesso? Gli altri mi aspettano".

"Va bene", risponde la madre, "così saluti tutti i tuoi amici prima di partire".

"Partire? Che significa?".

"Io e papà abbiamo deciso che andrai a passare l'estate in Salento. Parti domani in treno, viene nonno Dino a prenderti".

"**Neanche per sogno**[3]! Non ci vado in quel posto in mezzo al nulla!".

"Non hai alternative, abbiamo già deciso, il biglietto è fatto. I nonni sono felicissimi!".

"Questa è una follia! Non ci vado, non è giusto!".

Patù è un piccolo paese del **profondo**[4] Salento, in Puglia. I nonni di Riccardo vivono in una casa fuori dal centro abitato, in campagna. Intorno ci sono altre costruzioni simili, bianche, basse, **circondate**[5] da terra rossa, **ulivi** e **muretti a secco**.

I primi giorni, per il ragazzo, sono un inferno. La nonna Berta lo sveglia alle cinque con un caffellatte, il nonno lo aspetta all'**orto**[6]. Ogni giorno ci sono tante cose da fare, tutte prima delle dieci, quando diventa troppo caldo per lavorare sotto il sole.

A quell'ora si torna in casa, nella fresca cucina di nonna Berta, che ha sempre qualcosa di pronto per i lavoratori: pane fatto in casa con formaggio di capra e marmellate, frittate con le verdure, frutta di tutti i tipi.

A volte Riccardo ha dolori dappertutto ed è così stanco che non riesce neppure a mangiare.

Nel pomeriggio, prima di cena, Riccardo aiuta con gli animali: i nonni hanno galline e qualche **capra**.

1 **essere bocciato** – sitzenbleiben
2 **ribellarsi** – sich widersetzen
3 **neanche per sogno** (Rdw.) – nicht einmal im Traum
4 **profondo** (Adj.) – tief
5 **circondato** (von: circondare) – umgeben
6 **l'orto** (m.) – der Gemüsegarten

Pian piano si abitua al nuovo ritmo, scopre la bellezza delle prime ore del mattino, il silenzio della campagna, la vita che nasce da un seme che lui stesso ha piantato. E la rabbia **scompare**[7].

Un giorno, dopo colazione, il nonno gli dice: "Prendi il motorino, fai un giro, il mare è vicino". Riccardo inizia a esplorare le strade intorno, arriva fino alla spiaggia: una vista meravigliosa! L'acqua è trasparente, mostra tutte le tonalità del blu e del verde, Riccardo non ha mai visto un mare così.

Santa Maria di Leuca in Salento ist der südlichste Punkt Apuliens. Er bildet den Schnittpunkt zwischen dem **Ionischen** und dem **Adriatischen Meer.**

Il sole è alto, ha voglia di fare un bagno e così lascia il vecchio motorino sul **ciglio della strada**[8] e saltella tra gli **scogli** per raggiungere l'acqua cristallina.
Nuota a lungo, solo con i suoi pensieri.
Ha nostalgia dei suoi amici. E ha capito che Greta ha un nuovo ragazzo: dopo la prima settimana di messaggi d'amore e lacrime, lei ha iniziato a non rispondere al telefono, qualche scambio di parole su Whatsapp, poi niente più.
Ma Riccardo, dopo tante settimane, si sente finalmente bene, sereno.

Forse questo Salento non è poi così male.

Il ragazzo si asciuga **in fretta**[9] sotto il sole, rimonta in motorino. Per tornare a casa, prende una stradina stretta tra i muretti di pietra. L'aria calda e il sale addosso lo fanno sorridere. È tutto così strano, ma lui è davvero felice.

7 **scomparire** – verschwinden
8 **il ciglio della strada** – der Straßenrand
9 **in fretta** – in Eile

Fermo a un **bivio**[10], sente musica in lontananza. Decide di seguirla. Percussioni e **sonagli**[11] sempre più forti: è quasi ipnotizzato.
A un certo punto, dietro una fila di **balle di fieno**, vede un gruppo di ragazzi: alcuni suonano **tamburelli** e **djembé**, altri violini, altri ancora tengono il ritmo con le mani.
Riccardo spegne il motore, vuole vedere meglio. E poi, eccola là. Sembra una dea. Ha i capelli lunghi, nerissimi. È abbronzata e indossa una gonna lunga che tiene su con le mani. Si muove a un ritmo rapido, a suon di musica. È così bella da togliere il respiro.
Le voci crescono, cantano parole che lui non conosce, è il dialetto del posto. E il corpo di quella ragazza si muove **a scatti**[12]: salta, si agita, sembra una matta. La musica cresce, cresce… fino a esplodere in un silenzio totale.
Tutti battono le mani, anche Riccardo, che non riesce a **distogliere**[13] lo sguardo da quello spettacolo.
"Ciao! Chi sei?", il violinista si accorge di lui.
"Ciao! Scusa. Siete bravissimi, vi ho sentito… Scusate, vado via…", Riccardo è imbarazzato.

Sembra una dea … Si muove a un ritmo rapido, a suon di musica.

die Djembe (eine Bechertrommel aus Afrika)

lo djembé

das Tamburin

il tamburello

la balla di fieno

der Heuballen

"Ma no, vieni. Non sei di qua? Si sente dall'accento".

"No, sto dai nonni per l'estate...", e mentre lo dice vuole **sprofondare**[14]. Maledetta timidezza.

"E allora puoi restare, noi facciamo musica, ci prepariamo per la *Notte della taranta*", dice il ragazzo.

"Sai cos'è?", la dea si avvicina.

"Veramente, no", Riccardo è rosso come un peperone.

"D'estate si balla questa musica, è la *pizzica*, il nostro ballo popolare. Lo portiamo tutte le sere in giro per i paesi del Salento".

"È una cosa fantastica, giuro. Non ho mai visto uno spettacolo più bello", balbetta Riccardo.

"E allora vieni con noi, stasera andiamo a Martignano. Non è lontano da qui", gli dice lei.

Il cuore di Riccardo **accelera**[15]. "Ma io non so suonare, non sono capace... non so...".

"Ti insegno io, vieni", lei gli **afferra**[16] la mano, il gruppo riprende gli strumenti.

Riccardo non pensa più a nulla, segue la musica e basta. E tiene stretta quella mano abbronzata ed energica.

E sì, questo Salento non è per niente male.

Die **Pizzica** ist heute ein Volkstanz der Halbinsel Salento in Apulien. Früher wurde sie als **Heilungsritual** nach dem Biss einer Tarantel getanzt. Dieser drohte den Feldarbeitern damals bei der Arbeit im Feld. Der Name stammt vom italienischen Wort **pizzicare** ab, was **stechen** oder **beißen** bedeutet.

10 **il bivio** – die Abzweigung
11 **il sonaglio** – die Schelle
12 **a scatti** – stoßweise
13 **distogliere** – abwenden
14 **sprofondare** – versinken
15 **accelerare** – beschleunigen
16 **afferrare** – fassen

Apulien …

… erinnert an die Karibik, liegt aber glücklicherweise viel näher! Die Region befindet sich im Südosten des Landes. Sie bildet den ‚Stiefelabsatz' Italiens und zieht sich 400 km in Richtung Norden hoch.

Apuliens kulinarische Köstlichkeiten sind allein schon eine Reise wert. Auf keinen Fall entgehen lassen sollten Sie sich die Käsespezialität **burrata** – ein frischer Knetkäseball, der mit Butterrahm gefüllt ist.

Typisch für die Region sind auch die **taralli**, kleine Gebäckkringel zum Knabbern. Achtung, wenn man einmal angefangen hat, kommt man nicht mehr davon los!

Apulien bietet nicht nur schöne Strände und Landschaften. Einen Abstecher wert ist auf jeden Fall die Stadt **Lecce**, das auch das **Florenz des Rokoko** genannt wird.

In der Altstadt können Sie den **Lecceser Barock** bewundern – eine Sonderform des Barock, die es nur hier gibt. Verwendet wurde für die Gebäude ein Tuffstein, der im Umland von Lecce abgebaut wurde.

der Tuffstein

il tufo

Eine weitere architektonische Besonderheit Apuliens sind die **Trulli**. Das sind gemauerte Rundgebäude mit ebenfalls runden Dächern, die spitz nach oben verlaufen. Ihre dicken Mauern schützen bestens vor der Hitze.

Früher Arme-Leute-Häuser, heute heiß begehrt!

Einige Trulli kann man als Ferienwohnungen mieten.

rotondo (Adj.) rund

Ein ganzes Viertel, das fast nur aus Trulli besteht, finden Sie in der Stadt **Alberobello**. Es zählt heute zum Weltkulturerbe der UNESCO.

9 RICOMINCIARE A FIRENZE

«Ogni vita è un'enciclopedia, una biblioteca, [...], dove tutto può essere continuamente **rimescolato**[1] *e riordinato in tutti i modi possibili»*

(Italo Calvino, *Lezioni americane*, 1988)

La mia famiglia e i miei amici sono pronti per festeggiare la mia **laurea**[2] il mese prossimo.
Io no.
Tutte le mattine, da quattro anni, prendo il treno da Prato, dove vivo, per Firenze, dove sono iscritto all'università. Ho provato tre volte l'esame più difficile di **Giurisprudenza**[3], senza successo. **Ho passato**[4] qualche esame più semplice, ma sono ben lontano dalla laurea. Anche se **ho mentito**[5] e tutti credono il contrario.
Perché?

Perché non mi piace studiare queste cose, perché preferisco leggere letteratura, perché quando posso vado a suonare il **basso** nel garage del mio amico Vittorio con un gruppo di musicisti, perché la Facoltà di Giurisprudenza, in realtà, non è la mia scelta, ma quella di mio padre, importante **notaio**[6] della città.
Insomma, sono un **bugiardo**[7], ma non ho scelta. E si sa, dopo la prima bugia è difficile fermarsi.
Ma io non so cosa fare della mia vita. Non voglio fare l'avvocato e neppure l'ingegnere, l'impiegato di banca o l'informatico.
Ma come faccio a dirlo a mio padre?
Già immagino la sua rabbia se provo a dirgli: "Lascio l'università" o "Preferisco scrivere, o fare musica". Come minimo mi **caccia di casa**[8].
Però non posso continuare così.
Devo **confessare**[9] tutto ai miei genitori. Devo parlare con loro e accettare le conseguenze.

1 **rimescolato** (von: rimescolare) - wieder gemischt
2 **la laurea** - der Hochschulabschluss
3 **Giurisprudenza** (ohne Artikel) - Jura
4 **passare** (un esame) - (eine Prüfung) bestehen
5 **mentire** - lügen
6 **il notaio** - der Notar
7 **il bugiardo** - der Lügner
8 **cacciare di casa** - aus dem Haus jagen
9 **confessare** - zugeben

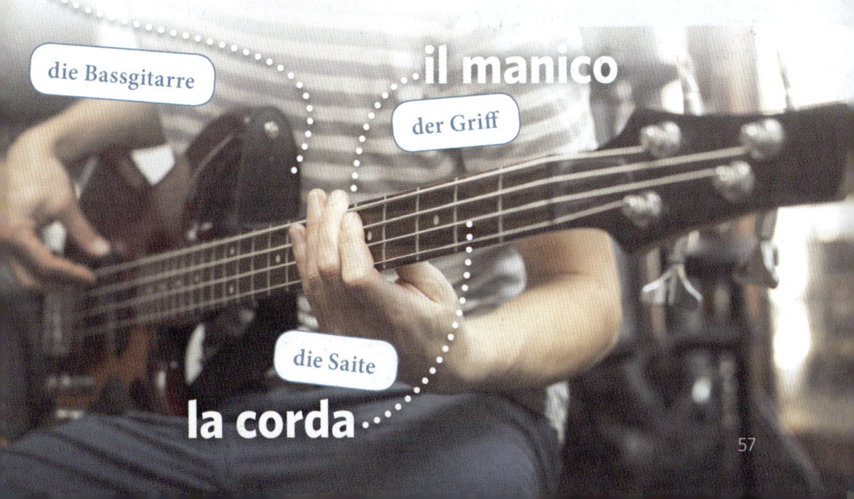

"Allora, il mio amico Dante ti aspetta, vai a parlarci".
"Io veramente devo dirti una cosa... Ma chi è Dante, papà?".
"Dante Martini, il mio vecchio collega d'università. Ha **uno studio legale ben avviato**[10] qui a Prato, in pieno centro. Sai, potrebbe prenderti come praticante".
"Ecco, papà, è proprio di questo che voglio parlarti".
"Lo so, ti devi ancora laureare, ma hai finito tutti gli esami, la laurea in fondo è una formalità!".
"Ma io...".
"Non essere sempre così insicuro! Vai e **tieni alto**[11] il buon nome della famiglia".
Ecco, con mio padre è così: parla solo lui e non ascolta. Ora devo andare da questo Dante Martini. Ma cosa gli dico?

L'appuntamento è questa mattina.
Mia madre mi consiglia di indossare giacca e cravatta: mi guardo allo specchio e mi sento un idiota.
Esco da casa e mi incammino verso il centro, mi sembra di avere un **cappio al collo**[12], penso a questo incontro e piuttosto mi viene voglia di buttarmi nel fiume.
Senza pensare, cambio strada, vado in stazione e prendo il solito treno per Firenze. Non ho un progetto, ma i miei piedi **si rifiutano**[13] di portarmi a questo colloquio.
Mi guardo attorno: studenti, impiegati, professionisti e qualche turista. Mi chiedo se sono contenti della loro vita, se sanno sempre cosa scegliere e dove andare.
Io non lo so, mi dico.

Der **Florentiner Dom** ist die viertgrößte Kirche der Welt. Berühmt ist ihre Kuppel, die 90 m hoch ist.

Taufkirche des Doms von Florenz

Tolgo la cravatta e la metto in tasca. A Firenze scendo dal treno ed esco dalla stazione di Santa Maria Novella. Attraverso la piazza, prendo le vie più strette ed evito l'**affollato** corso.

Mi lascio alle spalle il **Battistero**, la **Cattedrale**, quante volte mi sono fermato ad ammirarli, ma oggi no, ho bisogno di camminare. Il movimento mi tranquillizza, così **proseguo**[14]. Mi ritrovo su **Ponte Vecchio**, **mi faccio largo**[15] tra i turisti, attratti da questo particolare ponte coperto e dalle sue **botteghe**.

10 **uno studio legale ben avviato** – ein gutgehendes Anwaltsbüro

11 **tenere alto** – hochhalten

12 **il cappio al collo** – die Schlinge um den Hals

13 **rifiutarsi** – sich weigern

14 **proseguire** – weiterführen

15 **farsi largo** – sich durchdrängen

Die **Ponte Vecchio** existiert seit dem 14. Jh. Bereits damals waren Läden auf ihr untergebracht.

Ma c'è troppa confusione e poi voglio raggiungere uno dei miei posti preferiti di Firenze, la **Biblioteca delle Oblate**. È il luogo ideale per **raccogliere**[16] i pensieri e prendere delle decisioni.

Arrivo all'edificio, salgo al primo piano, c'è una vista meravigliosa su tutta la città e sulla cupola del Brunelleschi. Ho bisogno d'aria, di quella luce lì. C'è così tanta bellezza che sono commosso.

E capisco che è proprio questo che voglio, bellezza.

Torno al piano di sotto e mi cade l'occhio su un libro, lasciato su uno scaffale. Sono le *Lezioni americane* di Italo Calvino. Inizio a leggere qualche pagina. Sono insegnamenti di scrittura. Mi siedo su una poltroncina e leggo, leggo, **finché**[17] si accendono le luci della sala, fuori è buio.

Ma non sono solo insegnamenti di scrittura, sono **lezioni di vita**[18].

Improvvisamente i miei pensieri diventano più chiari, chiedo in prestito quel testo ed esco dalla biblioteca. Mentre **mi incammino**[19] verso la stazione, lo tengo tra le mani, mi dà sicurezza. Svolto in una piccola via, illuminata dai **lampioni** fiochi, incontro lo sguardo di un uomo. Lui si gira, sta per chiudere la **serranda** di una **polverosa** libreria. Sulla vetrina un cartello: "Cercasi commesso".

La vita mi ha appena regalato un segno, devo **prenderlo al volo**[20].

16 **raccogliere** – sammeln
17 **finché** (Konj.) – bis
18 **la lezione di vita** – die Lebensweisheit
19 **incamminarsi** (verso qc) – (auf etw.) zusteuern
20 **prendere al volo** – auffangen

10 LA PARTITA DI CALCETTO[1]

"Amore, cosa facciamo sabato?", mi telefona Benedetta mentre sono in ufficio.
"Sabato?", le chiedo **distratto**[2].
"Sabato, certo, non ti ricordi che giorno è?".
"Certo che mi ricordo! Ho una sorpresa per te!", le dico.
"Mmm, siamo sicuri, Giacomo? Non è che mi porti a pranzo da tua madre? È il mio compleanno, vorrei fare qualcosa che mi piace".
"Ma cosa dici? Stai tranquilla!".
"Va bene. Stasera giochi a calcetto?".
"Certo, è giovedì!".
"Uffa. Allora a domani, amore".

Il giovedì sera è **sacro**[3]. Ho già il **borsone** in auto, esco dall'ufficio e corro al campo di Baia Flaminia. Lì mi aspettano gli amici di sempre; con molti di loro sono andato a scuola qui a Pesaro, con altri ho fatto l'università a Urbino. Incontrarsi il giovedì tra uomini è un modo per **mantenere**[4] i contatti e sentirci ancora ragazzi senza pensieri: **pantaloncini corti**, **scarpe da ginnastica** e un **pallone**.

Non ci ferma la pioggia, il freddo, il caldo: il giovedì sera ci togliamo le giacche e le cravatte e giochiamo a calcetto.
È un rito: gli **spogliatoi**[5] dove si ride e si scherza, le magliette sudate, le partite giocate con la **grinta**[6] dei veri campioni.
Poi una doccia calda e tutti al pub sul lungomare per continuare a litigare per un rigore o una **punizione**[7] davanti a una birra.
Benedetta, la mia ragazza, non ama molto questa routine e quindi ogni settimana devo inventare qualcosa per distrarla: una volta le prometto un pranzetto a base di pesce la domenica, una volta le lascio scegliere il film del venerdì sera al cinema (e devo vedere qualche commedia romantica che odio), una volta la accompagno per negozi a provare tutte le scarpe che vede... so come farmi perdonare.
Questa volta ho un'idea geniale! Anche perché sabato è il suo compleanno.

1 **il calcetto** – der Kleinfeldfußball
2 **distratto** (Adj.) – unaufmerksam
3 **sacro** (Adj.) – heilig
4 **mantenere** – erhalten
5 **lo spogliatoio** – der Umkleideraum
6 **la grinta** – der Kampfgeist
7 **la punizione** – der Strafstoß

L'unica cosa che a Benedetta piace del calcio sono un paio di giocatori. Andrea La Mantia sabato gioca contro l'Ascoli che è in **serie**[8] B.
Allora ho pensato: partiamo da Pesaro la mattina, ci fermiamo a Sirolo per mangiare sul mare e poi andiamo allo stadio. Lei guarda il suo giocatore preferito e io la partita. **Non vedo l'ora**[9]!

È sabato mattina. Ho lasciato in macchina il borsone del calcetto. Dentro ci sono i biglietti per la partita.
Apro il **portabagagli**[10] e **mi tappo il naso**[11]: che stupido! Lasciare tutti i vestiti sudati chiusi in una borsa per due giorni non è certo una grande idea.
Ma questa maglietta blu non è mia... e neppure questi pantaloncini verdi... in verità questo non è il mio borsone! Oh no! Ho preso quello di Leonardo. È uguale al mio, l'abbiamo scambiato.
Pazienza, lo chiamo, passo da casa sua e poi vado a prendere Benedetta.
Ma Leonardo non c'è. È partito ieri sera per il fine settimana.
Maledizione[12]!
È necessario un piano B.
Provo a chiamare la **biglietteria**[13]. Niente, tutto pieno, non c'è un posto libero nello stadio. E adesso cosa mi invento?

Suona il telefono: "Giacomo, arrivi o no? Sono pronta, non voglio passare il giorno del mio compleanno a casa ad aspettarti davanti alla porta!".
"Hai ragione, amore, sto arrivando!".
Ho tre minuti per pensare a un'alternativa.
Alzo gli occhi, c'è un **cartellone**[14]: *Il barbiere di Siviglia* al teatro Rossini. Benedetta mi ha chiesto tante volte di andare all'opera... Forse ho trovato la soluzione.

Vado direttamente al teatro: ci sono due posti, nelle prime **file**[15], abbastanza centrali. Bene, sono **salvo**[16]. Compro i biglietti anche se sono carissimi e corro a prendere Benedetta.

"Auguri, amore, buon compleanno!".
"Grazie, Giacomo, sono così felice di questa giornata tutta per noi!".
Riorganizzo il programma e decido di restare a Pesaro. Compriamo qualcosa da mangiare: una doppia porzione di **olive ascolane**, due panini e un po' di frutta. Poi andiamo in spiaggia, stendiamo due grandi **teli da mare** e ci godiamo questo bel sole di aprile. Picnic e relax.

Olive ascolane sind eine Spezialität aus Mittelitalien. Hierzu werden kleine Fleisch- oder Wurstbällchen mit grünen Oliven umhüllt, paniert und frittiert.

8 **la serie** – die Liga
9 **non vedo l'ora** – ich freue mich schon darauf
10 **il portabagagli** – der Kofferraum
11 **tapparsi il naso** – sich die Nase zuhalten
12 **maledizione!** – verdammt!
13 **la biglietteria** – die Kasse
14 **il cartellone** – das Plakat
15 **la fila** – die Reihe
16 **salvo** (Adj.) – gerettet

Benedetta è contenta, ma è chiaro che aspetta la "sorpresa" e allora decido di darle il mio regalo: quando apre la busta con i biglietti per l'opera è felicissima!

Allora la riaccompagno a casa per cambiarsi, vado anch'io a farmi una doccia e a vestirmi per l'occasione.

Il teatro dell'Opera è una costruzione di quattro secoli fa, intitolata poi al compositore Gioachino Rossini, nato qui a Pesaro. Ma io non ci sono mai stato.

Quando passo a prendere Benedetta **mi manca il respiro**[17]: è bellissima in abito lungo, con i capelli legati in uno **chignon**. Sono emozionato.

Lei è sorridente e mi bacia con passione.

La serata comincia bene. Devo solo riuscire a non addormentarmi sulla poltrona del teatro.

Si spengono le luci.

Già dalle prime note, la scena mi **cattura**[18]: la musica è meravigliosa e gli attori bravissimi. Benedetta mi stringe la mano e non dice una parola. Lo spettacolo dura quasi tre ore, ma non **me ne accorgo**[19]. Alla fine **mi commuovo**[20] anche un po', Benedetta è in lacrime.

Benedetta mi stringe la mano e non dice una parola.

17 **mi manca il respiro** – mir fehlt die Luft zum atmen
18 **catturare** – fangen
19 **accorgersi di qc** – etw. bemerken
20 **commuoversi** – gerührt sein

11 LA TRANSUMANZA

"Ti va di **fare il pastore** per due giorni?".
La mia risposta è inutile. Davide è fatto così, prima organizza e solo dopo ti chiede se sei d'accordo.
"No! Non voglio fare il pastore!".
"Partiamo venerdì mattina...".
"No!".
Davide è mio marito, ha una passione per la **montagna** e non ama il mare.
Io mi chiamo Anna, adoro il sole, le spiagge e gli **ombrelloni**.

Region Italiens bei Rom

"Va bene", rispondo. "Dove andiamo?".
"In **Abruzzo**! A fare la transumanza".
Era dai tempi della scuola che non sentivo più quella parola.

Fare la transumanza vuol dire spostare le **pecore** lungo delle larghe vie che si chiamano **tratturi**[1]. Alcuni di questi sentieri sono lunghi oltre 200 chilometri e **collegano**[2] l'Aquila, il **capoluogo**[3] dell'Abruzzo, a **Foggia**, una grande città della Puglia.

La transumanza è un viaggio che si fa in due periodi dell'anno: in autunno verso sud, per **sfuggire**[4] al freddo in cerca di pascoli verdi, e poi all'inizio dell'estate di nuovo verso la montagna dove si trova l'**erba** fresca.

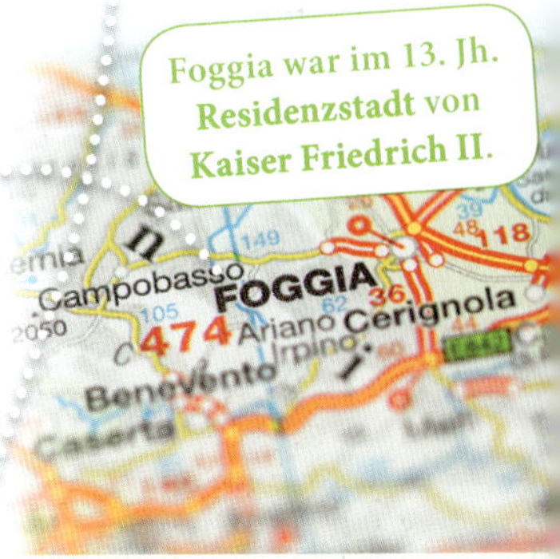

Foggia war im 13. Jh. Residenzstadt von Kaiser Friedrich II.

1 **il tratturo** - die Trift (von Nutzvieh benutzter Pfad)
2 **collegare** - verbinden
3 **il capoluogo** - die Hauptstadt
4 **sfuggire** - entkommen

als Hirte arbeiten

das Schaf

das Gras

A scuola, quando ero piccola, recitavo una poesia sulla transumanza. Tutti gli alunni delle scuole italiane la studiano, sono versi di Gabriele D'Annunzio. La poesia inizia così: "Settembre andiamo, è tempo di **migrare**[5]...".

Oggi alcune agenzie organizzano questo viaggio anche per i turisti: segui un gruppo di pastori, **mungi**[6] le pecore, cammini per chilometri e dormi in piccoli paesi.

Quando arriviamo in Abruzzo io e Davide troviamo circa duecento pecore, cinque cani enormi e tre signori con berretto, **stivali** e un **bastone** in mano.

Insieme a noi c'è un'altra coppia. Lui, Antonio, con al collo tre macchine fotografiche e uno zaino pieno di obiettivi e **cavalletti**[7]. Lei, Maria, la sua fidanzata, con un grande paio di occhiali da sole neri e un'aria **spaventata**[8].

Il capo dei pastori si chiama Marcello, è alto e grasso, e ha una lunga barba. Prende una mappa, indica un sentiero e dice: "Domani si parte alle cinque!". Poi saluta tutti e va a dormire con i suoi cani.

Davide e Antonio discutono di macchine fotografiche, mentre io parlo con Maria, che all'improvviso mi dice con un'aria tutta seria: "Fai attenzione... L'Abruzzo è **pieno**[9] di **lupi**!".

Il giorno dopo iniziamo il viaggio e subito mi ritrovo in mezzo alle pecore: i cani abbaiano e uno mi **morde**[10] il sedere. Ridono tutti, anche Maria, che per un po' non pensa ai lupi. Davide cammina veloce e chiacchiera con Marcello, il pastore.

Antonio non si guarda attorno, ma fotografa ogni particolare. Nell'aria si sente il profumo delle pecore e dell'erba. Maria mi racconta della scuola dove insegna a Torino e poi si guarda intorno e mi dice: "Fai attenzione... L'Abruzzo è pieno di **orsi**!".

Per la sera il programma **prevede**[11] una pausa in uno dei paesi lungo il cammino, siamo a circa 850 metri di altezza. È giugno, l'inizio dell'estate, ma fa freddo. Si mangia tutti insieme e si beve molto per riscaldarsi.

Il giorno dopo la **camminata** è ancora più faticosa. Saliamo verso il pascolo. A un certo punto in mezzo alla strada troviamo un cane grigio e **spelacchiato**[12]. Gli altri iniziano a **ringhiare**[13], Antonio a fotografare, Maria a urlare.

5 **migrare** - wandern
6 **mungere** - melken
7 **il cavalletto** - das Stativ
8 **spaventato** (Adj.) - erschrocken
9 **pieno** (Adj.) - voll
10 **mordere** - beißen
11 **prevedere** - voraussehen
12 **spelacchiato** (Adj.) - (hier:) zerlumpt
13 **ringhiare** - knurren

Marcello il pastore **si avvicina**[14] e gli dà qualcosa da mangiare. Più tardi racconta: "È un vecchio lupo, quasi senza denti, si chiama Salvatore, ci aspetta sempre per qualche pezzo di formaggio".
Il lupo fa con noi l'ultimo pezzo di strada. Maria continua a ripetere: "lupo... lupo, lupo!", mentre indica Salvatore.

Maria continua a ripetere: "lupo... lupo, lupo!".

Prima del tramonto arriviamo finalmente al pascolo, una piccola valle verde in mezzo a un paio di montagne. La sera, dopo cena, guardiamo le stelle. Sono tantissime. Quando vivi in città non lo sai che il cielo è così bello.
La transumanza è finita. Domani, domenica, ci **riportano**[15] in macchina fino alla base di partenza e poi torniamo a casa.
Chiedo a Davide: "Ti va di andare al mare domani?".
In Abruzzo non ci sono solo le montagne, c'è anche il mare, così posso fare una cosa che mi piace.

"D'accordo!", risponde lui. "Domani togliamo le scarpe da trekking e mettiamo il costume!".
Decido di invitare anche Maria. Antonio troverà sicuramente dei **soggetti**[16] interessanti da fotografare in spiaggia.
Ma lei ringrazia, **declina**[17] l'invito e poi mi dice: "Fai attenzione... l'Adriatico è pieno di **meduse**!".

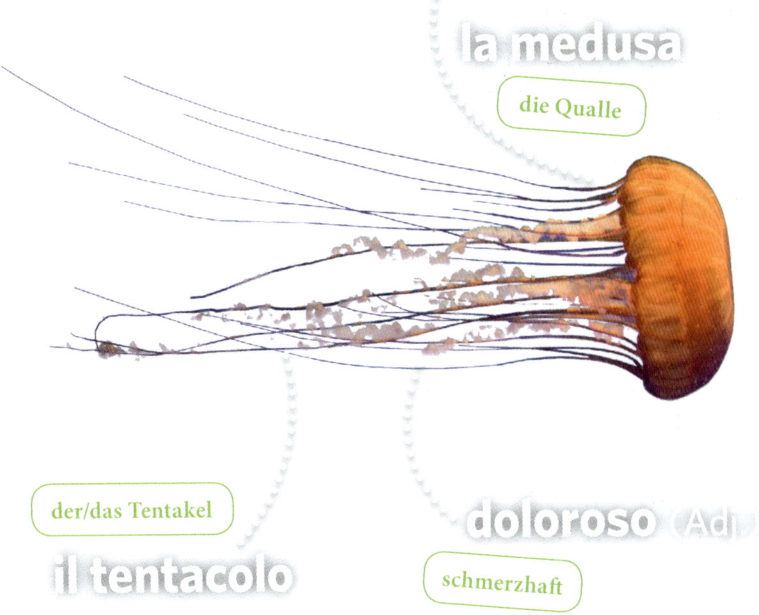

14 **avvicinarsi** - näher treten
15 **riportare** - zurückbringen
16 **il soggetto** - (hier:) der Gegenstand
17 **declinare** - ablehnen

12 L'EREDE[1]

La zia Arianna ha una grande villa con un parco sul **lago di Como**. A Bellagio, proprio dove il lago si divide nei due **rami**[2] di Como e di Lecco. Da queste parti è passato pure Leonardo da Vinci. Uno dei libri più importanti della letteratura italiana, *I promessi sposi* di Alessandro Manzoni, **è ambientato**[3] in questi luoghi. E Bellagio è la località con la vista più bella. Anche Stendhal la pensava così, ma poi precisava: "Dopo il golfo di Napoli...".

La zia Arianna ha quasi novant'anni, non ha mai avuto un marito e non ha figli. Ha solo un nipote: Carlo.
Carlo ha cinquant'anni, una moglie, due figli e un intero palazzo in un piccolo paese della Toscana, troppo grande però per la sua famiglia e per il suo **portafoglio**.
Entra acqua dal tetto e le pareti hanno tante **macchie di umidità**[4]. Sono necessari dei lavori. Da qualche anno Carlo **affitta**[5] un paio di stanze ai turisti. È un modo per guadagnare qualcosa.
Adele è la moglie di Carlo, lo aiuta nella **gestione**[6] del palazzo. Roberto e Laura sono i loro figli: passano le giornate a correre per le grandi stanze. In questo momento per i loro giochi usano uno **slittino**[7] di plastica che lascia dei segni profondi sul pavimento.

Der **Lago di Como** (Comer See) ist nach dem **Gardasee** und dem **Lago Maggiore** der drittgrößte See Italiens.

Una volta Carlo e Adele andavano sempre a sciare. Poi lui ha fatto degli investimenti in borsa, è arrivata la crisi e quei soldi sono finiti in pochi mesi. Raccontano spesso ai loro figli della montagna. Così Roberto e Laura chiedono sempre: "Mamma andiamo in montagna a sciare?". E Adele risponde: "Certo, adesso telefono e vediamo se c'è qualche camera libera!". Ma non vanno mai.

Da qualche tempo un attore americano cerca di comprare la villa di zia Arianna. Adele lo ha letto sui giornali.
Così dice a Carlo: "Telefona alla zia, controlla se è vero".
Lui fa il numero, saluta la zia e poi chiede: "Ma è vero quello che si legge sui giornali?".
E lei risponde: "Tutto vero, mi vuole dare 5 milioni di euro!".
"Così pochi? La villa ne **vale**[8] molti di più!".
E la zia Arianna: "Ma **sta' zitto**[9] tu, che hai perso tutto in borsa!".
E Carlo: "Cara zia, sei **ingiusta**[10] con me, ma sai che ti voglio tanto bene".

1 **l'erede** (m. und f.) - der Erbe
2 **il ramo** - der Arm
3 **ambientare** - spielen
4 **la macchia di umidità** - der Feuchtigkeitsfleck
5 **affittare** - (hier:) vermieten
6 **la gestione** - die Führung
7 **lo slittino** - der Rodelschlitten
8 **valere** - wert sein
9 **sta' zitto** - sei still
10 **ingiusto** (Adj.) - unrecht

La settimana dopo Adele legge sul giornale: "Attore famoso compra villa sul lago di Como per una cifra record di 20 milioni di euro". Così Carlo telefona un'altra volta.

Ma la zia Arianna risponde: "Io non ho venduto nulla! Sarà un altro attore. George è un uomo meraviglioso, bellissimo, affascinante e insieme ci divertiamo molto!".

Carlo cerca di rimanere tranquillo: "Sono contento cara zia, ma ricorda che hai quasi novant'anni".

E la zia risponde: "Sei sempre stato un idiota!".

A Carlo non resta che rispondere con la solita frase: "Cara zia, sei ingiusta con me, ma sai che ti voglio tanto bene".

Adele è molto preoccupata: "La zia ha ragione, sei un idiota! Non capisci!?! L'attore sta cercando di **farsi regalare**[11] la villa! Vai a Bellagio, subito!".

"La zia ha ragione, sei un idiota! Non capisci!?! L'attore sta cercando di farsi regalare la villa! Vai a Bellagio, subito!".

La mattina dopo Carlo ha preparato la macchina, ma squilla il telefono. La zia è morta, così, **all'improvviso**[12]. Il **funerale**[13] si tiene il giorno dopo. Carlo lascia cadere la cornetta. È **immobile**[14], bianco in viso, gli occhi pieni di lacrime. Adele corre ad abbracciarlo. Si stringono, piangono. Questo è il momento più felice della loro vita. Lui è l'unico erede della zia Arianna. Se l'attore americano vuole la villa adesso deve **trattare**[15] con loro. Carlo e Adele continuano ad abbracciarsi, a saltare, a piangere per la gioia. Poi arrivano Roberto e Laura con lo slittino. Adele li bacia sulla testa e dice: "Adesso la mamma telefona in montagna, andiamo a sciare per due settimane!". Anche Roberto e Laura saltano e urlano di gioia.

Il giorno dopo Carlo e famiglia sono pronti per partire, ma squilla di nuovo il telefono. Un notaio li informa di un testamento e di un appuntamento dopo il funerale. Carlo e Adele si abbracciano un'altra volta. Non ci sono dubbi, la zia ha lasciato tutto a loro. Prima del funerale Carlo si ferma in un **centro commerciale**[16], compra un paio di sci a testa, **scarponi**, giacche, tute da sci e due slittini nuovi per i figli. Spende tutti i suoi risparmi. Monta gli sci sul tetto della macchina e riparte. Quando arrivano a Bellagio, davanti alla chiesa, si asciugano le lacrime per le tante **risate**[17]. Si pettinano ed entrano in chiesa. Carlo

11 **farsi regalare** - sich schenken lassen
12 **all'improvviso** - plötzlich
13 **il funerale** - die Beerdigung
14 **immobile** (Adj.) - unbeweglich
15 **trattare** - verhandeln
16 **il centro commerciale** - das Einkaufszentrum
17 **la risata** - das Gelächter

ha un vestito nero e gli occhiali da sole scuri. Adele ha un foulard nero che le copre la testa. Roberto e Laura hanno gli scarponi da sci, gli occhiali da neve, delle giacche gialle e lo slittino sotto il braccio. Carlo dice loro di aspettare in macchina. Intorno alla bara della zia ci sono pochi fiori e poca gente. Durante la **funzione**[18] Carlo e Adele piangono molto. Poi a un tratto tra i banchi della chiesa si sente il rumore di un mobile pesante **trascinato**[19] sul pavimento. Roberto sta spingendo Laura sopra lo slittino nel bel mezzo del funerale. Si fermano a un passo dalla bara. Adele scatta in piedi, prende i due bambini e li accompagna fuori. Carlo pensa che la zia per una cosa del genere potrebbe **strappare**[20] il testamento, anche da morta.
Poi alla fine della messa, un signore alto ed elegante sale sull'altare. È George, l'attore americano. Racconta di zia Arianna, della villa, dei mobili, dei quadri, della dolcezza di questa affascinante signora italiana. Carlo e Adele piangono più forte di prima. Sono felici, tutto è loro: la villa, i mobili, i quadri.

Dopo il funerale Carlo e Adele vanno dal **notaio**[21]. Dentro lo studio trovano anche l'attore americano. Il notaio legge il testamento: "Caro Carlo, anch'io ti ho sempre voluto tanto bene. So quanto costa la **manutenzione**[22] di una grande casa. Io stessa ho speso tanti soldi per la mia villa e il suo giardino. Non voglio essere ingiusta con te, Carlo, e **lasciarti in eredità**[23] un peso economico così grande. La regalo a George, l'unico uomo che mi ha fatto ridere e che tanto la desidera. A te, caro nipote, lascio quello che rimane dei miei risparmi".

I risparmi di zia Arianna **bastano**[24] appena per pagare la vacanza in montagna. George è molto gentile e li saluta con un **inchino**[25]. Carlo e Adele escono dallo studio del notaio, prendono per mano i figli e salgono in macchina, verso la vacanza in montagna.
In macchina non canta più nessuno, nemmeno la radio.

18 **la funzione** - die Totenmesse
19 **trascinato** (von: trascinare) - geschleppt
20 **strappare** - zerreißen
21 **il notaio** - der Notar
22 **la manutenzione** - die Wartung
23 **lasciare in eredità** - vererben
24 **bastare** - genügen
25 **l'inchino** (m.) - die Verneigung

Über das Wasser wandeln …

… konnte man am **Iseosee** im Juli 2016 für rund 2 Wochen, wenn man sich auf die **Floating Piers** der Künstler **Christo** und **Jeanne-Claude** begab.

Der **Lago d'Iseo** ist der **viertgrößte oberitalienische See** nach: **Lago di Garda** (Gardasee), **Lago Maggiore** und **Lago di Como**, den Sie in der vorangehenden Geschichte kennengelernt haben.

Über **1 Mio.** Menschen liefen über die 3 km langen und 16 m breiten, gelben Stege aus Kunststoff.

Geplant wurde das Projekt von den beiden Künstlern bereits vor 40 Jahren. Jeanne-Claude, die 2009 verstarb, konnte die Realisierung nicht mehr erleben.

der Steg
il pontile

fluttuare
schweben

überqueren
attraversare

Eine kulinarische Spezialität aus dem See sind die getrockneten **Agonen**. Ein Fisch, der in vielen Alpenseen am südlichen Rand der Alpen vorkommt.

Nach dem Fang werden die Fische ausgenommen, gesalzen und anschließend auf Holzgestellen für ca. 40 Tage aufgehängt. Im Anschluss reifen sie über ein Jahr in Olivenöl.

der Fisch

il pesce

Durch das Kunstwerk wurde die Stadt **Sulzano** mit den Inseln **Monte Isola** und **San Paolo** verbunden.

San Paolo liegt liegt 500 Meter neben Monte Isola und ist in Privatbesitz.

Monte Isola ragt rund 400 m über die Wasseroberfläche. Sie ist die größte Insel innerhalb eines Sees in Südeuropa.

die Maske

13 IL CARNEVALE DI IVREA

Mio cugino Piero ha vent'anni, è alto quasi due metri e gioca a rugby. In questo periodo è single, ma fino a due anni fa **stava con**[1] Giulia, che un bel giorno gli ha detto: "Piero, sei un bravo ragazzo, ma preferisco stare da sola". Due giorni dopo Giulia camminava mano nella mano con Daniele, un ragazzo che gioca nella stessa **squadra**[2] di Piero.

Oggi comincia il carnevale di Ivrea.
Qui il carnevale è diverso: **non basta**[3] mettere una **maschera**, andare per le strade, **tirare coriandoli**[4] e ballare. Qui si deve **combattere**[5]. Sì, combattere, ma con le arance...

der Wagen

il carro

mirare a qc/qu

(auf jmdn./etw.) zielen

Alcuni **carri** con circa dieci persone sopra girano per le vie del centro. Rappresentano una specie di castello. Le persone che stanno sotto, a piedi, sono il **popolo**[6] e devono **conquistare**[7] il castello.

Nella battaglia **tutti si tirano le arance**. È molto faticoso. E anche doloroso, se ti arrivano in faccia...

Daniele, il nuovo fidanzato di Giulia, di solito sta sopra uno di questi carri.
E infatti Piero, da un paio di anni, per carnevale, **non si perde**[8] una battaglia e mi dice: "Colpisci quello con il **casco** nero!".
E io rispondo: "Piero, ma quello per caso è Daniele?".
E Piero dice: "Non ti preoccupare, noi dobbiamo combattere e basta".
Io cerco di fare il possibile con i miei **lanci**[9]. Ma quello con il casco nero è bravissimo. Da due anni a questa parte, infatti, torno sempre a casa con gli occhi neri.

alle bewerfen sich mit Orangen

der Schutzhelm

1 **stare con** (ugs.) - zusammen sein
2 **la squadra** - die Mannschaft
3 **non basta** (+ Infinitiv) - es reicht nicht, dass ...
4 **tirare coriandoli** - Konfetti werfen
5 **combattere** - kämpfen
6 **il popolo** - das Volk
7 **conquistare** - ergreifen
8 **non perdersi qc** - etw. nicht verpassen
9 **il lancio** - der Wurf

E anche Piero.
Così gli dico: "Daniele è forte, le arance che tira lui sembrano pietre e chissà perché finiscono tutte sulla nostra testa".
Piero si arrabbia: "Perdiamo per colpa tua, perché non sei abbastanza forte!". Mi chiamo Andrea, ho 19 anni, sono magro e non gioco a rugby come Piero e Daniele. Studio matematica e porto gli occhiali.

"Daniele è forte, le arance che tira lui sembrano pietre e chissà perché finiscono tutte sulla nostra testa".

Questa storia della battaglia delle arance **si è diffusa**[10] soprattutto nel **dopoguerra**[11]. Il carnevale di Ivrea, secondo alcuni, è uno dei più antichi d'Italia. Ma nell'Ottocento le arance servivano ad altro. Le ragazze sui balconi le tiravano ai ragazzi per attirare l'attenzione. Nella nostra famiglia la **bisnonna**[12] ha trovato marito così: dopo aver lanciato un'arancia sulla testa del bisnonno. Allora erano un frutto esotico e arrivavano dalla Costa Azzurra. Oggi invece arrivano dalla Sicilia e dalla Calabria. Sono arance che non si mangiano più, molto mature e molli, così fanno meno male quando ti arrivano in testa...

Ma il carnevale di Ivrea non è solo questo. **Sfilano**[13] carri, **bande musicali**[14], vestiti in costume. Ed è la parte della festa che preferisco.
Invece anche quest'anno devo andare a tirare le arance. Anche se non capisco bene perché: Giulia e Daniele non stanno più insieme, mi sembra.
Mia madre non vuole: "Piero, lascia stare Andrea, non ha forza nelle braccia, non sa difendersi".
Ma Piero risponde: "Zia, Andrea ormai è un uomo, deve imparare a combattere".

Io non so mai cosa dire in queste occasioni. **Stavolta**[15] però provo a dire qualcosa: "Scusa Piero, ma Giulia è ancora la ragazza di Daniele?".
E lui risponde: "No, ma **questo non c'entra**[16]!".
"E con chi sta adesso?".
"Non so, forse con Tommaso...".
Io **tremo**[17]: "Ma Tommaso è il capitano della squadra di rugby? Il ragazzo di due metri che sta sul carro vicino a Daniele?".
"Sì".
Tommaso è molto forte, e sotto il carro, nella sua zona, tutti **si scansano**[18] per la paura. Le arance che tira lui sembrano proiettili.
Così quest'anno abbiamo un nuovo **nemico**[19], il più forte di tutti.
E infatti quando comincia la battaglia io e Piero prendiamo almeno dieci arance in testa.
Poi a un certo punto tutto si calma e sentiamo urlare da dentro il carro. Due **tiratori** stanno litigando. Li vediamo in faccia: sono Tommaso e Daniele. Poi Tommaso prende Daniele e lo butta giù dal carro.

il tiratore

der Werfer

10 diffondersi - sich ausbreiten
11 il dopoguerra - die Nachkriegszeit
12 la bisnonna - die Urgroßmutter
13 sfilare - vorbeimarschieren
14 la banda musicale - die Musikkapelle
15 stavolta (Adv.) - dieses Mal
16 questo non c'entra (ugs.) - das tut nichts zur Sache
17 tremare - zittern
18 scansarsi - wegrücken
19 il nemico - der Feind

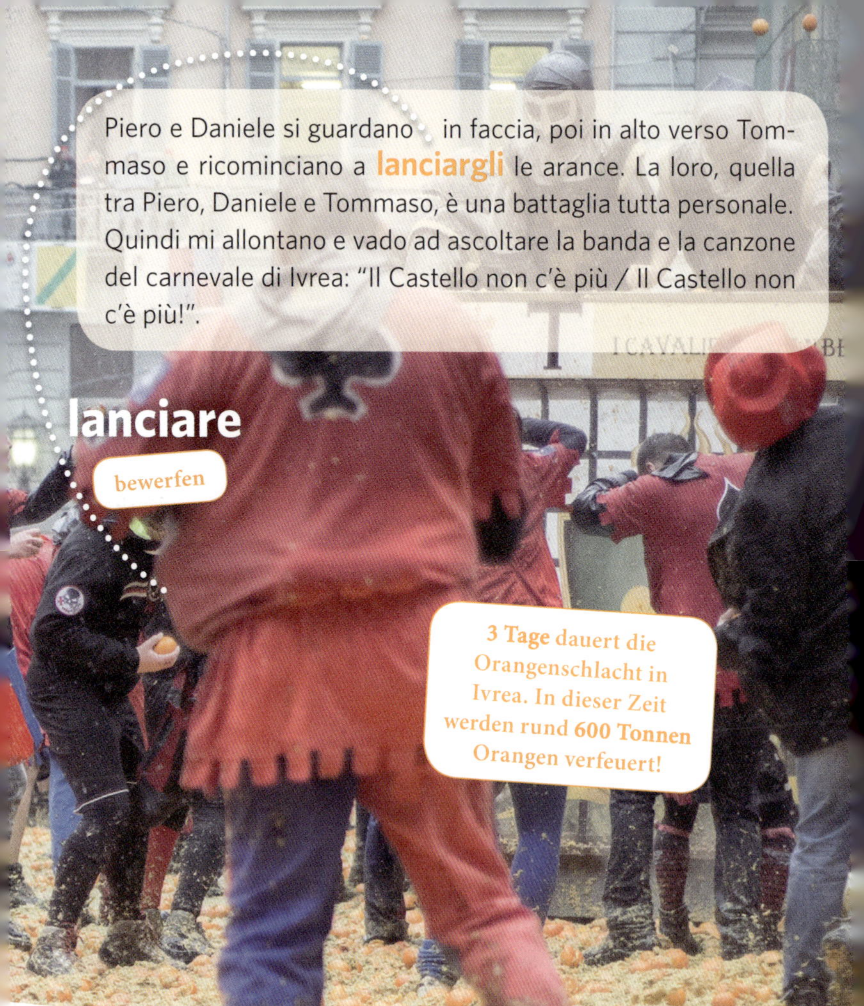

Piero e Daniele si guardano in faccia, poi in alto verso Tommaso e ricominciano a **lanciargli** le arance. La loro, quella tra Piero, Daniele e Tommaso, è una battaglia tutta personale. Quindi mi allontano e vado ad ascoltare la banda e la canzone del carnevale di Ivrea: "Il Castello non c'è più / Il Castello non c'è più!".

lanciare

bewerfen

3 Tage dauert die Orangenschlacht in Ivrea. In dieser Zeit werden rund **600 Tonnen** Orangen verfeuert!

Schade um die schönen Orangen? Keine Sorge! Für die Schlacht werden ausschließlich kaputte Früchte verwendet, die ohnehin nicht in den Handel kämen.

14 LA NONNINA DI AGROPOLI

Cara mamma, ti scrivo questa mail per raccontarti del viaggio in Campania con Franz.

In questi giorni siamo ad Agropoli, una piccola città sul mare vicino a Salerno, con un bel porto e tante barchette.

Franz, lo sai, vuole sempre risparmiare e ha scelto per qualche notte una camera a casa di una coppia di **pensionati**[1], sui sessant'anni, bianchi di capelli, non molto alti. La stanza e il bagno sono molto puliti, cambiano gli asciugamani ogni giorno! Abbiamo solo un po' di problemi di comunicazione, loro parlano in dialetto tra loro e preferiscono dialogare con noi a gesti.

das Kännchen

La mattina servono una colazione molto **adatta**[2] al caldo di questi giorni.

Una brioche e una specie di spremuta di limone ghiacciata e cremosa.

Poi un caffè e una piccola **brocca** di latte.

Il tutto **condito da sorrisi**[3], inchini e gesti a indicare le tazze, la brioche e il caffè.

1 **il pensionato** – der Rentner

2 **adatto** (Adj.) – geeignet

3 **condito** (Adj.) **da sorrisi** – (hier:) serviert mit einem Lächeln

der Schraubenzieher

E per finire portano un dito contro la guancia, lo girano come se fosse un **cacciavite** e dicono: "Buooonooo!". Noi **ricambiamo**[4] con un sorriso e un altro inchino e **inzuppiamo**[5] la brioche dentro il bicchiere con il ghiaccio.

der Fischer

Sono molto gentili e ci hanno subito invitato a pranzo per la domenica. Quel giorno c'è una festa molto spettacolare dedicata alla Madonna di Costantinopoli, la **protettrice**[6] dei **pescatori**.
La processione si fa di sera, in mare, con le barche e i **fuochi d'artificio**. Abbiamo accettato volentieri l'invito, anche perché il signore ci ha proposto di portarci sulla sua barca a vedere la processione direttamente in mare.

La domenica non eravamo soli, sono arrivati molti parenti. Ognuno portava un **vassoio** coperto da un grande **tovagliolo** e lo metteva su un tavolo vicino al muro. All'arrivo tutti si abbracciavano, si baciavano e poi **si bloccavano**[7] a osservare me e Franz. A rompere l'**imbarazzo**[8] ci pensava il padrone di casa. Ripeteva per non so quante volte: "Bolzano, Bolzano". Dopo questa spiegazione i parenti abbracciavano e baciavano anche noi.

das große Tablett

das Stofftuch

i fuochi d'artificio
(immer Pl.)

das Feuerwerk

In mezzo a tutta questa gente un **posto d'onore**[9] era riservato a una signora molto piccola e silenziosa. Forse la madre del pensionato che ci ha affittato la camera. A un certo punto ci siamo seduti intorno a un lungo tavolo **apparecchiato**[10]. Eravamo all'aperto, sotto il sole, che per fortuna non era troppo forte, anche grazie a qualche ombrellone. Noi non capivamo quasi nulla, però ricambiavamo ogni sorriso. La nonnina sedeva **a capotavola**, con due cuscini sotto per arrivare meglio al piatto. Forse era il giorno del suo compleanno perché ha iniziato a mangiare prima degli altri.

La scena era questa: tutti i vassoi viaggiavano dal tavolo attaccato al muro fino al tavolo lungo centrale. Poi qualcuno riempiva il piatto della nonnina che, dopo aver **masticato**[11] per bene, diceva qualcosa. Poi partiva un applauso verso l'autore del piatto **approvato**[12] dalla nonnina. Dopo la prima

4 **ricambiare** - erwidern
5 **inzuppare** - eintunken
6 **la protettrice** - die Beschützerin
7 **bloccarsi** - stehen bleiben
8 **l'imbarazzo** (m.) - die Verlegenheit
9 **il posto d'onore** - der Ehrenplatz
10 **apparecchiato** (von: apparecchiare) - gedeckt
11 **masticato** (von: masticare) - gekaut
12 **approvato** (von: approvare) - gebilligt

portata mi sono girata verso il tavolo con tutti i vassoi e poi di nuovo verso di lei. La scena si è ripetuta varie volte. Per farla breve, la nonnina era l'esperta delle ricette di famiglia e quando approvava voleva dire che la tradizione era salva.

Io e Franz siamo rimasti a bocca aperta e ti posso garantire, cara mamma, anche a pancia piena, di cose buonissime. Non so quante **alici** ho mangiato! Piccole piccole, tipiche del mare della città di Agropoli.

Poi **ho confrontato**[13] il numero dei piatti e le dimensioni della nonnina e ho pensato che non poteva continuare a mangiare così. Franz invece non era preoccupato perché sosteneva: "Al Sud si fa sempre così, si mangia, si beve e ci si diverte!" e poi ha cercato di **brindare** con il suo vicino che però ha iniziato a urlare mentre indicava la nonnina. Sembrava morta, con la faccia dentro il piatto di maccheroni e tutti che correvano **avanti e indietro**[14].

anstoßen

Il padrone di casa con le mani tra i capelli ripeteva: "Tutte le volte, tutte le volte finisce così!". Noi pian piano **ci siamo fatti da parte**[15].

Dopo è arrivata l'ambulanza. Noi non sapevamo cosa fare, così siamo saliti in camera e la sera siamo andati in spiaggia a vedere la processione e i fuochi d'artificio. Più tardi, quando siamo rientrati, il padrone ci ha spiegato che la nonnina tende a **ingozzarsi**[16] e tutti tra una chiacchiera e l'altra si distraggono e non controllano. Poi si è scusato e ci ha augurato la buona notte.

Allora Franz mi ha detto che forse, per tutta quella confusione e il giro in barca che non abbiamo fatto, ci farà uno sconto.

Cara mamma, inizio a non sopportare più Franz e la sua **avarizia**[17]...

Che ne dici, continuo il viaggio da sola?

13 **confrontare** – vergleichen
14 **avanti e indietro** (Adv.) – hin und her
15 **farsi da parte** – zur Seite treten
16 **ingozzarsi** – sich vollstopfen
17 **l'avarizia** (f.) – der Geiz

15 LA CITTÀ DI STRADIVARI

Mi chiamo Michele, sono un musicista, suono il violino e abito a Milano. Questa settimana sono andato a Cremona tre volte. Solo per far riparare il mio violino. Nulla di serio. Una piccola cosa. Quasi **invisibile**[1] agli occhi. Ma chiara all'orecchio di un musicista.

Cremona è la città dei **liutai**, una specie di capitale dell'arte di costruire e riparare i violini e tutti gli **strumenti a corda**[2]. Si contano oltre duecento botteghe di **artigiani**[3]. Tanto per rendere l'idea: **Antonio Stradivari**, quello dei violini più famosi, era un liutaio di Cremona.

il liutaio

der Geigenbauer

Antonio Stradivari ist der berühmteste Sohn von **Cremona.** Er wurde 1644 dort geboren.

Auch heute noch ist die Stadt ein Zentrum für den Bau und die Reparatur von Saiteninstrumenten.

Der **Dom von Cremona** stammt aus dem 12. Jh.

Direkt neben dem Dom steht das achteckige **battistero**, die Taufkirche.

Il mio artigiano e **restauratore di fiducia**[4] invece si chiama Aldo, ha i baffi molto folti e delle mani che fanno miracoli. Aldo mi ricorda sempre: "I violini sono strumenti delicati, cerca di fare attenzione". Ha ragione. Io però sono troppo distratto, come mi dice spesso Aldo. Ma forse il problema è un altro...

Ho conosciuto una ragazza, si chiama Linda, abita nel mio stesso palazzo. L'ho incontrata in ascensore e si è subito presentata: "Ciao, sono la nuova vicina, abito al terzo piano". Io di solito sono molto **timido**[5] con le ragazze. Così per riuscire a darle la mano ho messo il violino tra il braccio e le **costole**[6]. Ma quando Linda mi ha stretto la mano, la **custodia** mi è caduta.
"Si sarà rovinato?", mi ha detto lei, mentre cercava di aiutarmi.

1 **invisibile** (Adj.) – unsichtbar
2 **lo strumento a corda** – das Saiteninstrument
3 **l'artigiano** (m.) – der Handwerker
4 **il restauratore di fiducia** – der Restaurateur des Vertrauens
5 **timido** (Adj.) – schüchtern
6 **la costola** – die Rippe

der Geigenkasten

Io **ho fatto finta di nulla**[7] e ho risposto: "Ma no, ha la custodia".

Dopo poche ore ero a Cremona, dentro la bottega di Aldo. Il violino aveva una specie di **bernoccolo**[8].

"Aldo aiutami, domenica ho un concerto!".

"Vai a fare una passeggiata, ci vediamo tra mezz'ora".

Aldo riesce sempre a **tranquillizzarmi**[9]. Di solito quando sono a Cremona faccio un giro per la città ed entro spesso nel Museo del Violino. Un posto interessante, con un'acustica perfetta, dove è possibile ascoltare il suono di un autentico Stradivari. E io imparo sempre qualcosa.

Mercoledì ho incontrato Linda davanti al nostro palazzo. Mi ha subito riconosciuto: "Ciao Michele, come va?". "Bene". Quando una ragazza mi piace non parlo molto. Linda invece non **fa caso a**[10] queste cose, per fortuna. Così mi ha sorpreso: "Ti va di andare a mangiare qualcosa giovedì?". Ho risposto: "Con piacere!". Ma poi ho pensato che devo migliorare con la conversazione.

Così ci siamo dati appuntamento per le otto in un ristorante vegetariano. La sera non faccio altro che girare intorno allo **spartito** e al violino. Domenica devo suonare alla Scala, ho un concerto importante: **sostituisco**[11] un violinista, che si è fatto male a un braccio... forse qualcuno più distratto di me. Può essere una grande occasione. E poi è un pezzo famosissimo: La Primavera di Vivaldi, una delle Quattro Stagioni.

Ma alla fine invece di provare, recito le frasi da dire a Linda. E nella teatralità del momento **sbatto**[12] contro il violino. Un altro **danno**[13].

Il giorno dopo Aldo mi dice: "Michele, ma va tutto bene?". Aldo si preoccupa per me. Del resto sono uno dei suoi migliori clienti.

7 fare finta di nulla – tun, als ob nichts wäre
8 il bernoccolo – die Beule
9 tranquillizzare – beruhigen
10 fare caso a qn/qc – auf jdn./etw. achten
11 sostituire – ersetzen
12 sbattere – sich stoßen
13 il danno – der Schaden

Giovedì mi presento in giacca e cravatta. Lei ha un bellissimo abito corto, **azzurro** se non ricordo male. Ci sediamo uno di fronte all'altra, in mezzo il cameriere **riempie**[14] due bicchieri di vino rosso. Linda a un certo punto mi chiede se voglio vedere un suo **neo**[15] a forma di cuore che ha sul braccio. A volte non mi capisco: o sono troppo timido o troppo impulsivo. Così per vedere questa rarissima forma di bellezza sbatto contro il bicchiere di vino che **si rovescia**[16] sulla tavola e poi giù sul vestito di Linda.

"Che imbranato!", dice lei e poi va via...

"Che **imbranato**[17]!", dice lei e poi va via, senza farmi vedere il suo neo a forma di cuore.

azurblau

der kleine Topf

Oggi è sabato e **ho danneggiato**[18] per la terza volta il mio violino. Ho messo sul fuoco un **pentolino** con l'acqua per fare un tè. Poi ho cominciato a suonare e non ho più pensato al pentolino. Dopo mezz'ora ho sentito **puzza di bruciato**[19]. Ho posato il mio violino sulla sedia davanti allo spartito e sono andato in cucina. Ma ho sentito qualcosa cadere per terra. Era il violino. Un piccolo buco nel legno, questo non mi era mai successo. Così ora sono di nuovo nella bottega di Aldo, che stavolta mi dice: "Ci vediamo tra un'ora".

Quando torno a riprendere il mio strumento, Aldo me lo passa per vedere se funziona come prima. Il violino suona perfettamente.

Poi ricevo una telefonata e sul cellulare leggo "LINDA". Inizio a parlare con il violino sotto il **mento**[20]. Ma Aldo mi sussurra: "Prendo io il violino, tu parla con lei!".

Linda sembra avermi perdonato.

Aldo invece sembra preoccupato. "Quando uno **si prende una cotta**[21] è meglio tenere il violino al sicuro".

Ha ragione.

14 **riempire** - füllen
15 **il neo** - das Muttermal
16 **rovesciarsi** - umfallen
17 **imbranato** (Adj.) - tollpatschig
18 **danneggiare** - beschädigen
19 **la puzza di bruciato** - der Brandgeruch
20 **il mento** - das Kinn
21 **prendersi una cotta per qu** (ugs.) - sich in jdn. verknallen

16 LA STRADA DEL CHIANTI

Giulio è alto e ha pochi capelli. Vive a Roma. Da qualche tempo vuole diventare sommelier. Sa quasi tutto sulle **viti**, le **cantine** e le migliori **etichette**. Con alcuni amici organizza degli incontri di degustazione il mercoledì sera. Si ritrovano in un ristorante, senza mogli e **fidanzate**[1]. Giulio e i suoi amici sono dei veri esperti. Di ogni cantina conoscono tutto: le **uve**, i metodi di produzione e quelli di conservazione. Alla fine della serata scelgono un vino e organizzano una gita. Di solito cercano una cantina importante, con una bella architettura. In questo li aiuta Paolo.

Paolo non è alto, però ha molti capelli. È un esperto di architettura delle **aziende agricole**[2], sa perfettamente come le opere dell'uomo si possono integrare nel paesaggio, senza rovinarlo. Quando il mercoledì sera inizia la sua lezione, tutti lo ascoltano in silenzio. Paolo però è **astemio**[3], non beve vino né altri alcolici, neanche un bicchiere di birra.

La domenica è il giorno dedicato alla gita. Arturo è l'**autista**[4] del **pulmino** sul quale viaggiano. Anche lui è astemio, ma questa è una cosa molto utile. La sera, durante il viaggio di ritorno, tutto il gruppo è un po' **su di giri**[5].

Sono felici e soprattutto pieni di bottiglie di vino. A volte il gruppo chiama anche una guida **enologica**[6] che li accompagna durante il viaggio.
La gita della prossima domenica è dedicata al "Chianti", uno dei vini toscani più famosi. L'area di produzione va da Siena fino a Firenze. Località come Greve in Chianti, Barberino Val D'Elsa oppure San Casciano in Val di Pesa sono alcuni dei comuni più noti dove si produce questo vino. Per il Chianti si utilizza soprattutto il San Giovese e **vitigni**[7] internazionali come il Cabernet Sauvignon.
Il tour operator questa volta può mandare solo una guida esperta di vini internazionali, una ragazza francese. Per il gruppo non ci sono problemi. Anche per Paolo.

La domenica mattina davanti al pulmino ci sono Arturo, Paolo e Sophie. Paolo sembra molto felice. Sophie ha le gambe lunghe, gli occhi chiari e appena 25 anni. **A differenza**[8] delle altre volte, il gruppo è subito su di giri e inizia a cantare appena Arturo mette in moto. Paolo non **apprezza**[9] e dice: "Li scusi signorina". "Ma siete così simpatici! Dai, cantiamo anche noi", risponde lei con il suo affascinante accento francese. E Paolo canta.

1 **il fidanzato/la fidanzata** - der/die Freund/in
2 **l'azienda** (f.) **agricola** - landwirtschaftlicher Betrieb
3 **l'astemio** (m.) - der Abstinenzler
4 **l'autista** (m.) - der Fahrer
5 **su di giri** (ugs.) - aufgedreht
6 **enologico** (Adj.) - weinkundlich
7 **il vitigno** - der Weinstock
8 **a differenza di** - im Gegensatz zu
9 **apprezzare** - würdigen

In Toscana la cantina è così bella che quasi non **si distingue**[10] dalle colline e dalle viti. **È infilata**[11] nel paesaggio come un **tappo di sughero** dentro la bottiglia. Paolo illustra ogni dettaglio architettonico al gruppo. Sophie lo guarda e lo ascolta con attenzione. Dopo un po' il gruppo dice: "Paolo **sbrigati**[12]! Abbiamo fame". La cantina ha organizzato un pranzo per gli ospiti. Paolo continua a parlare solo per Sophie.
La tavola è piena di cose da mangiare e bottiglie di vino rosso. Tutti **si lanciano**[13] sui salumi, sui formaggi e sul vino. Sophie dice a Paolo: "Andiamo, bevi anche tu un **goccio**[14]". Paolo **assaggia**[15] un po' di vino, per la prima volta nella sua vita.

Nel pomeriggio Sophie illustra i vitigni presenti all'interno dell'azienda. Prima quelli tipici del Chianti, dal **Sangiovese** fino al **Colorino**[16]. Poi è la volta dei vitigni internazionali: il Cabernet Sauvignon e il Cabernet Franc. È molto brava e cattura l'attenzione di tutti. Anche il personale della cantina le fa i complimenti.

Finalmente arriva il momento della **degustazione**: Giulio e gli altri annusano il vino e lo assaggiano. Sophie offre un **calice** anche a Paolo, che beve un altro goccio. Giulio ride: "Paolo stasera torna a casa **ubriaco**[17] e **innamorato**!".

E infatti durante il viaggio di ritorno Paolo è felice e canta insieme agli altri. Una volta arrivati a Roma, Arturo accompagna tutti a casa. Paolo è uno dei primi a scendere. Con lui Sophie. Vanno via mano nella mano.
E Giulio: "Avete visto: ubriaco e innamorato!".

verliebt

10 **distinguersi da qc** - sich von etw. unterscheiden
11 **infilare** - stecken
12 **sbrigati!** - beeil dich!
13 **lanciarsi** - (hier:) sich auf etw. stürzen
14 **il goccio** - der Schluck
15 **assaggiare** - nippen
16 **Sangiovese / Colorino** - Weinsorten aus dem Chianti
17 **ubriaco** (Adj.) - betrunken

Die Toskana ...

... ist eine Region in Mittelitalien. Bekannt sind ihre hügeligen Landschaften mit Pinien und Zypressen. Ein ganz besonderes Schauspiel bieten aber auch die leuchtenden **Mohnfelder**, die man in dieser Größe kaum anderswo sehen kann.

il papavero – der Klatschmohn

Die **Toskana** ist eine der renommiertesten Weinbauregionen Italiens. Hier wird auf einer Fläche von rund **65.000 Hektar** Wein angebaut.

Eine Spezialität der Toskana sind **Cantuccini**, ein Mandelgebäck aus der Provinz **Prato** in der Nähe von **Florenz**. Sie werden oft mit **Vin Santo**, einem Dessertwein, gegessen, in den sie eingetunkt werden.

la mandorla – die Mandel

inzuppare – èintunken

Ein berühmter Sohn der Toskana ist der Universalgelehrte **Galileo Galilei** (1564 - 1641), der in Pisa geboren wurde. Seine Erkenntnisse über das Sonnensystem, die die damalige Annahme, die Erde sei eine Scheibe, widerlegten, sorgten für Aufruhr und brachten ihn sogar ins Gefängnis.

Ebenso berühmt ist eine andere Gestalt, deren ‚Vater' ebenfalls aus der Toskana stammt: **Pinocchio**. Sein Schöpfer, der Schriftsteller **Carlo Collodi** (eigentlich Carlo Lorenzini) wählte als Pseudonym den Ort seiner Kindheit: **Collodi**.

1881 wurde die erste Geschichte über die Holzfigur mit der langen Nase in einer Kinderzeitschrift veröffentlicht. **Die Abenteuer des Pinocchio** sind heute auf der ganzen Welt bekannt.

17 LA CASA DI RINGHIERA

Mi chiamo Gino e vivo a Torino. Abito in una **casa di ringhiera**, un tipo di **edilizia** popolare tipica delle città del Nord Italia, realizzata agli inizi del Novecento. La sua caratteristica principale è il balcone, che corre lungo tutta la facciata interna e collega i vari appartamenti che si trovano a quel piano. Io, per esempio, per arrivare a casa mia, **percorro** tutto il balcone e passo davanti alla casa di Mario (che è un mio amico, molto bravo con i motori) e a quella di Alberto (che invece fa lo **stilista**[1], convive con una modella e che io **invidio**[2] molto). Insomma questo balcone è una specie di grande corridoio esterno.

La casa in cui vivo era di mio nonno. Quando era giovane lavorava in una famosa industria automobilistica di Torino. Poi siamo arrivati noi: mio padre, mia madre e io. Da qualche anno, questo tipo di casa è molto ricercata. La gente suona al campanello

Eine **casa di ringhiera** ist ein Gebäudetyp, den man häufig in **Turin, Mailand** und in der **Lombardei** antrifft. Typisch sind die um jedes Stockwerk der Länge nach verlaufenden Außenbalkone, welche die Wohnungen miteinander verbinden. Sie gehen oft in Richtung Innenhof – auch dieser ist dem gemeinsamen Gebrauch durch die Mieter vorgesehen.

e chiede se qualcuno vuole vendere l'appartamento. Un giorno sono venute delle persone a fare un servizio fotografico, così io e Mario **siamo finiti**[3] su una **rivista**[4] di architettura, proprio come due persone importanti.
Così il giorno dopo sono andato dalla ragazza di Alberto (lui non era in casa) e le ho fatto vedere la rivista con la mia foto. Lei si chiama Ivonne, è bionda, francese e con gli occhi azzurri. Mi ha fatto una carezza sulla testa.

Per me questa carezza è un complimento, invece Mario ride, **mi prende in giro**[5] e dice: "Ivonne ti accarezza come un cane".

1 **lo stilista** – der Modeschöpfer
2 **invidiare** – beneiden
3 **finire** – (hier:) landen
4 **la rivista** – die Zeitschrift
5 **prendere in giro qc** – sich über jdn. lustig machen

Mia madre **ha incorniciato**[6] la foto e dice: "Con questo articolo la casa vale almeno il doppio".

Io e Mario abbiamo appena 14 anni e da qualche tempo, quando parliamo sul balcone, ci ritroviamo a guardare sempre dentro la casa di Ivonne. Eppure questo, fino a un anno fa, non capitava, non capisco perché. Quando compio 18 anni, prendo subito la **patente**[7] e invito Ivonne a fare un giro in macchina. Quando non c'è Alberto, naturalmente. Questo mio desiderio non lo rivelo a Mario.
Mario è un tipo diverso da me. Io sono magro e **riccio**. Lui è basso e **ha i capelli a spazzola** e sa fare molte più cose di me.

... hat einen Bürstenschnitt

lockig

riccio (Adj.)

Per esempio sa guidare la macchina, anzi sostiene di avere la patente. E quando gli chiedo: "Ma dove l'hai presa?", lui risponde: "In America, da mio zio, la scorsa estate". Ma io non gli credo. Comunque, guida davvero bene. Per farmi vedere quanto è bravo ci alziamo la notte. Quando i suoi e i miei genitori dormono. Verso le tre ci vediamo sul balcone. Io esco dalla finestra, corro con le pantofole, arrivo davanti alla

finestra di casa sua e aspetto. Lui apre la finestra, **scavalca**[8] e scendiamo giù in strada. Suo padre ha una macchina molto piccola, da città. Lavora in centro, fa il direttore di banca e per arrivare prima al lavoro ha bisogno di una macchina piccola. Mario sale, si mette la cintura di sicurezza, mi guarda negli occhi e parte. A quell'ora di notte c'è poco traffico e la strada è libera. Facciamo un sacco di giri. Tutti intorno al quartiere. Guidiamo a zigzag e alcune volte facciamo lunghi tratti in **retromarcia**[9]. Mario è una specie di pilota, lo **ammiro**[10] molto. Poi dopo un'oretta, quando vediamo i primi tram uscire dal deposito, torniamo a casa. Parcheggiamo esattamente dove abbiamo preso la macchina, saliamo a casa, camminiamo zitti zitti sul nostro balcone, ci salutiamo e ci mettiamo a dormire. Nessuno si accorge di nulla. Non lo facciamo sempre, perché poi il giorno dopo abbiamo troppo sonno e a scuola non **combiniamo**[11] nulla. Ancora oggi quando penso a quelle uscite notturne, sento male al sedere per i **calci**[12] che ho preso da mio padre. Perché sì, a un certo punto questo divertimento è finito. E la colpa è di Ivonne, anche se lei **non c'entra nulla**[13].
Ci siamo svegliati come sempre intorno alle tre per fare il solito giro.

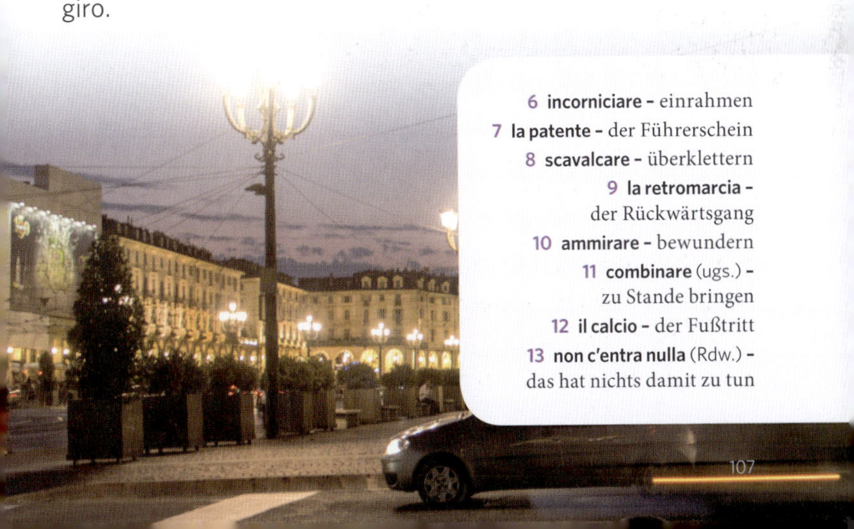

6 **incorniciare** - einrahmen
7 **la patente** - der Führerschein
8 **scavalcare** - überklettern
9 **la retromarcia** - der Rückwärtsgang
10 **ammirare** - bewundern
11 **combinare** (ugs.) - zu Stande bringen
12 **il calcio** - der Fußtritt
13 **non c'entra nulla** (Rdw.) - das hat nichts damit zu tun

Ma che confusione: Ivonne piangeva, mio padre e il padre di Mario urlavano contro di noi e noi cercavamo di proteggerci dai loro calci.

Dopo un po' abbiamo visto da lontano la macchina di Ivonne, con lei al volante che tornava a casa da sola. Al **semaforo**[14] vicino al deposito dei tram ci siamo messi con la nostra macchina accanto alla sua. Allora io ho abbassato il finestrino e l'ho salutata. Lei non credeva ai suoi occhi e si è messa a urlare. Mario non si aspettava questa reazione e così, un po' per l'**imbarazzo**[15], un po' perché in realtà non ha davvero la patente, ha messo il piede sull'**acceleratore**[16] e la macchina è finita proprio sotto uno dei primi tram che uscivano dal deposito vicino casa. Per fortuna non ci siamo fatti male. Ma che confusione: Ivonne piangeva, mio padre e il padre di Mario urlavano contro di noi e noi cercavamo di proteggerci dai loro calci. Dopo è arrivata anche la polizia e un giornalista che ha fatto delle foto. Alla fine le lacrime di Ivonne hanno convinto la polizia a non **arrestare**[17] né me né Mario. Ma il giorno dopo io e Mario eravamo di nuovo sul giornale. Questa volta mia madre non ha incorniciato la foto...

imprecare

schimpfen

14 **il semaforo** - die Ampel
15 **l'imbarazzo** (m.) - die Verlegenheit
16 **l'acceleratore** (m.) - das Gaspedal
17 **arrestare** - festnehmen

18 LA STATUA DI POMPEI

Nonna Assunta ha una piccola statua romana. La tiene sotto il letto. Non ha dubbi: "È antichissima e vale un sacco di soldi". Quando mia nonna parla della statuetta, mio nonno inizia ad **agitare**[1] le mani sopra la testa, poi si alza ed esce dalla stanza.

Nonna Assunta ha trovato questa scultura a Pompei, durante il loro **viaggio di nozze**[2].
Pompei è un'antica città romana, distrutta e **sepolta**[3] dalla **cenere**[4] dopo un'eruzione del vulcano Vesuvio nell'anno 79 dopo Cristo.
Circa sei metri di lava hanno coperto per secoli la città e, quando gli archeologi l'hanno scoperta, molte cose erano ancora **intatte**[5]: i palazzi, gli affreschi e anche i **calchi**[6] delle persone che cercavano di fuggire.
Anche Goethe ha visitato questi luoghi, quando sono iniziati gli **scavi**, e li ha descritti nel suo *Viaggio in Italia*. A quel tempo i viaggiatori andavano a Pompei anche per la natura, il vulcano e la luce **abbagliante**[7]. Spesso capitava di fare un picnic tra le **rovine** oppure di fare delle visite di notte al **chiaro di luna**.

1 **agitare** - schütteln
2 **il viaggio di nozze** - die Hochzeitsreise
3 **sepolto** (von: seppellire) - begraben
4 **la cenere** - die Asche
5 **intatto** (Adj.) - unversehrt
6 **il calco** - der Abdruck
7 **abbagliante** (Adj.) - blendend

Die Ausgrabungsstätten des antiken Pompeji werden jährlich von rund **3 Mio. Touristen** besucht.

Poi Pompei è diventato un luogo turistico. E alcune persone ne hanno subito approfittato. Nascondevano copie di statue romane (quindi falsi) tra gli scavi e le vendevano a caro prezzo. Trovavano sempre turisti un po' **ingenui**[8] che non sapevano nulla di archelogia...

Ein Vesuv-Ausbruch im Jahr **79 n.Ch.** begrub die Stadt unter einer fast **7 Meter** hohen Schicht Asche und machte sie für Jahrhunderte unbewohnbar.

Heute setzen Witterung, Umweltverschmutzung und Touristenströme den Ruinen zu.

Ma torniamo alla nonna e alla sua statuetta.
Questa è la sua versione.
Inizia sempre così: "Io e il nonno ci siamo sposati nel 1952 e abbiamo fatto il nostro viaggio di nozze a Pompei". E poi: "Era il mese di luglio e faceva molto caldo. Avevo un grande cappello bianco per proteggermi dal sole. Ero seduta su un **muretto**. Da lontano osservavo il nonno: camminava distrattamente e un signore gli girava intorno".

Vado da tuo nonno e gli dico: Scappiamo! Siamo ricchi! Non dire nulla!"

La nonna è un tipo molto curioso. Quando è sul terrazzo di casa guarda sempre dentro le case di fronte.
Il racconto della nonna continua così: "Dietro il muretto, tra le pietre, vedo una piccola statuetta".
E poi continua: "Non credo ai miei occhi: è intatta! Sembra antica, così la infilo dentro la borsa e mi alzo. Vado da tuo nonno e gli dico: **Scappiamo**[9]! *Siamo ricchi! Non dire nulla!*".

8 **ingenuo** (Adj.) - naiv
9 **scappare** - weglaufen

Non sono mai diventati ricchi. Dopo sessant'anni la statuetta è ancora a casa loro, sotto il letto, dentro una **scatola** e **avvolta**[10] in una serie di tovaglioli per proteggerla. Quando la nonna la prende, si vede subito che non è autentica: la statuetta ha un braccio più lungo dell'altro. Ma noi nipoti non diciamo nulla, aspettiamo le parole del nonno.

La sua versione è leggermente diversa e inizia così: "Negli anni Cinquanta a Pompei alcune persone mettevano statuette false tra le rovine per poi venderle come souvenir". Poi il nonno continua: "Un signore mi girava intorno. Diceva: *Scusi, vede quella signora con il cappello bianco seduta sul muretto? Dietro c'è una bellissima statua antica!*". E infine conclude: "Il resto è uguale al racconto della nonna".

A questo punto i nonni iniziano a litigare. Per il nonno la statuetta è un falso e dice: "Guarda! Ha un braccio più lungo e uno più corto!". Per la nonna invece è autentica e risponde: "Non è vero, gli antichi romani le statue le facevano così, **a mano**[11], un po' imperfette: il braccio più lungo la rende ancora più preziosa". Dopo questa frase il nonno se ne va. La nonna commenta così: "È un ignorante, non capisce niente di arte!".
Sono anche andati da alcuni esperti per farla **valutare**[12]. E la risposta è sempre la stessa: "È un falso, non vale niente".

Ma la nonna è **testarda**[13]: "Lo dicono **apposta**[14] per farsi lasciare la statuetta e poi rivenderla! Io non la regalo!".
Per noi nipoti questa storia è un modo per ridere un po'. E anche i nonni si divertono. Di solito litigano **per finta**[15]. La loro è una specie di commedia.

E alla fine la nonna conclude: "Vera o falsa, la statuetta è un ricordo del nostro viaggio di nozze a Pompei!".
E il nonno a questo punto **si commuove** ogni volta.

commuoversi

gerührt sein

10 **avvolto** (von: avvolgere) - aufgewickelt
11 **a mano** - von Hand
12 **valutare** - schätzen
13 **testardo** (Adj.) - dickköpfig
14 **apposta** (Adv.) - absichtlich
15 **per finta** - nur so

19 L'EDUCAZIONE ARTISTICA

Una cosa mi è cara: un quadro, piuttosto grande, in cui si vede un paesaggio **arido**[1] e una grossa mucca al centro, ripresa di profilo e con il muso rivolto verso chi guarda.
Non voglio parlare dei colori e del soggetto, ma se uno osserva con attenzione il corpo della mucca trova una sorpresa: un **buco**[2].
Sì, il quadro è danneggiato.
Così capita spesso che gli ospiti di casa, quando lo guardano, avvicinano il loro naso e poi urlano: "C'è un buco!". A quel punto **entro in scena**[3] io.
Mi chiamo Lorenzo, non ho molti capelli in testa, faccio l'architetto e ho una galleria d'arte. E questo quadro, insieme a un **arco**, alcune **frecce** e il pittore Alberto Burri, è molto importante per me.

Il quadro ha quasi duecento anni. Le donne della mia famiglia quando si sposavano portavano nella casa nuova il **corredo**[4] e questo dipinto. Così, mia nonna lo ha regalato a mia madre. Quando ero piccolo stava in soggiorno. Per me quella mucca era un **bersaglio** ideale. Le montagne sullo sfondo erano uguali al paesaggio di un film western e la mucca era abbastanza grossa per la freccia del mio arco.

Il momento migliore della giornata per dare la **caccia**[5] alla mucca era poco prima delle otto di sera. Mia madre cucinava e io potevo cacciare liberamente dentro il soggiorno. Mi legavo un fazzoletto sulla fronte e ci infilavo una **piuma** di uccello. **Centrare**[6] la mucca era difficilissimo. E di solito una **sberla**[7] di mia madre mi **disarmava**[8].

Una volta però sono riuscito a colpire la mucca. Quella volta in casa c'era la nonna. Così non ho preso una sola sberla, ma due. Poi la mamma e la nonna hanno parlato della mia educazione. E alla fine hanno trovato una soluzione.

1 **arido** (Adj.) - dürr, karg
2 **il buco** - das Loch
3 **entrare in scena** - auftreten
4 **il corredo** - die Aussteuer
5 **la caccia** - die Jagd
6 **centrare** - treffen
7 **la sberla** - die Ohrfeige
8 **disarmare** - entwaffnen

Il giorno dopo la nonna guidava la sua spider rossa in direzione di Firenze. Io ero seduto accanto, con la piuma e il fazzoletto.
"Dove andiamo nonna?", ho chiesto.
"A Firenze a visitare gli **Uffizi**".

Die **Uffizien** in Florenz gehören zu den berühmtesten Kunstmuseen der Welt. Eines der bekanntesten dort ausgestellten Werke ist **Die Geburt der Venus** von **Sandro Botticelli**.

"Cosa sono gli Uffizi?".
"Stai zitto e guarda la strada".
A quel tempo abitavamo a Lucca e la nonna, che era una storica dell'arte, voleva insegnarmi le buone maniere. Ha preso il mio arco e le frecce e li ha chiusi dentro la cantina di casa sua: "Avrai di nuovo tutto quando torneremo!".
Degli Uffizi non ricordo quasi nulla. Solo dei **corridoi**[9] molto larghi e delle finestre grandi grandi. E poi i **custodi**[10], le loro uniformi e le corse della nonna dietro di me. Ogni mio **tentativo di fuga**[11] finiva contro la pancia di uno di loro oppure dentro un abbraccio della nonna.
Dei quadri, dei musei, dell'arte non mi interessava nulla. Ma la nonna voleva assolutamente educarmi. O almeno farmi capire che contro un quadro non si tirano le frecce.

A Roma abbiamo visitato i **Musei Vaticani**. Mi ricordo solo delle **mummie egizie**[12] che mi hanno fatto paura.

Ein **kompletter Rundgang** durch die Vatikanischen Museen ist **7 km** lang!

Poi la nonna ha deciso di continuare il viaggio fino in Sicilia, per portarmi al mare e a vedere i templi. Abbiamo preso una grossa nave e poi abbiamo visitato **Segesta** e **Selinunte**.

Segesta und **Selinunt** sind zwei archäologische Fundstätten in der süditalienischen **Provinz Trapani** auf **Sizilien**.

die Säule

la colonna

il tempio

der Tempel

9 il corridoio – der Flur
10 il custode – der Wächter
11 il tentativo di fuga – der Fluchtversuch
12 la mummia egizia (Adj.) – die altägyptische Mumie

"Inizia a fare delle domande, è un buon segno".

In Sicilia ho iniziato a fare domande del tipo: "Come si chiama questo tempio?" oppure "Ma la Sicilia è un'isola della Grecia?".

La nonna al telefono diceva a mia madre: "Inizia a fare delle domande, è **un buon segno**[13]". Dall'altra parte del telefono mia madre rispondeva: "**Proteggilo**[14] dal caldo!". Così la nonna prendeva il mio foulard, lo metteva sotto l'acqua, me lo legava in testa e poi metteva la piuma.

Un giorno siamo andati a vedere il "Cretto", un'opera di **land art** di Alberto Burri: dei grandi quadrati di **cemento** tra i quali si può camminare.

Un tipo spiegava a mia nonna come è stato realizzato questo monumento, che è una delle opere d'arte contemporanee più **estese**[15] al mondo e rappresenta la città di **Gibellina**, distrutta da un terremoto nel 1968. Dentro i quadrati di cemento ci sono ancora le **macerie**[16]. Dopo il terremoto **hanno ricostruito**[17] la città di Gibellina qualche chilometro più in là. E quest'opera **ricorda**[18] la città vecchia, **anzi**[19] è fatta con i pezzi della città vecchia.

La sera al telefono ho raccontato alla mamma tutta la storia del Cretto di Burri. Mi **aveva** molto **turbato**[20]. Stavolta ero io ad avere una freccia **infilata**[21] nella pancia.
Poi ho sentito la nonna che diceva: "Domani te lo **riporto**[22], forse il viaggio è servito a qualcosa"

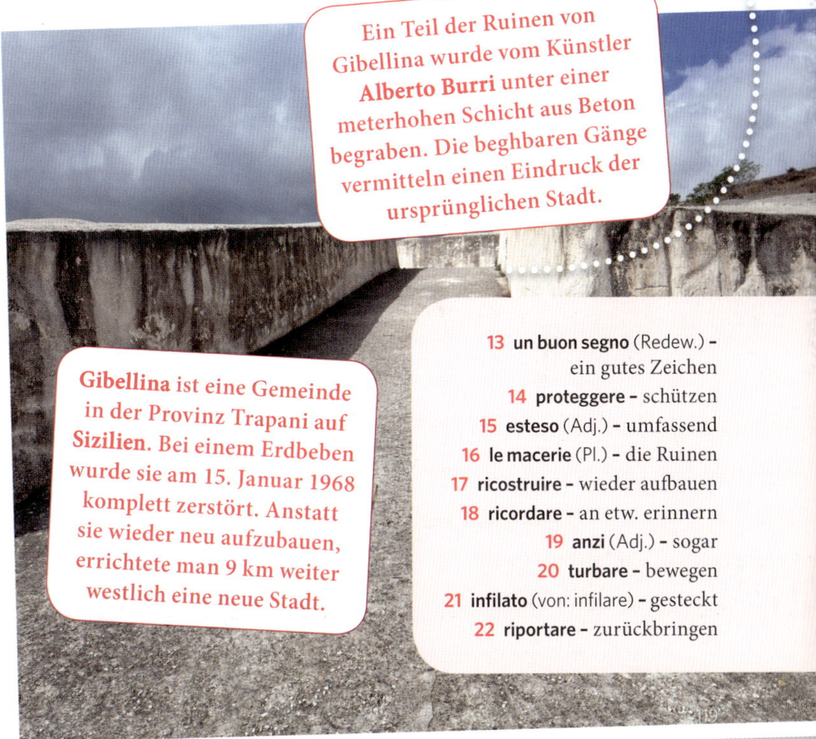

Ein Teil der Ruinen von Gibellina wurde vom Künstler **Alberto Burri** unter einer meterhohen Schicht aus Beton begraben. Die beghbaren Gänge vermitteln einen Eindruck der ursprünglichen Stadt.

Gibellina ist eine Gemeinde in der Provinz Trapani auf **Sizilien**. Bei einem Erdbeben wurde sie am 15. Januar 1968 komplett zerstört. Anstatt sie wieder neu aufzubauen, errichtete man 9 km weiter westlich eine neue Stadt.

13 **un buon segno** (Redew.) - ein gutes Zeichen
14 **proteggere** - schützen
15 **esteso** (Adj.) - umfassend
16 **le macerie** (Pl.) - die Ruinen
17 **ricostruire** - wieder aufbauen
18 **ricordare** - an etw. erinnern
19 **anzi** (Adj.) - sogar
20 **turbare** - bewegen
21 **infilato** (von: infilare) - gesteckt
22 **riportare** - zurückbringen

20 I CARRUGI DI GENOVA

Io e Sara viaggiamo in modo completamente differente: io preferisco improvvisare, muovermi per le strade senza mappe. Lei invece vuole sapere esattamente a che ora si parte, quando si arriva, dove si mangia e dove si dorme. E poi vuole una **guida turistica**[1] per la visita di ogni città.
Questa mattina siamo partiti presto. Genova è a circa due ore di macchina. Guido io, Sara invece ha il cellulare in mano. Alle 10 siamo quasi a Genova e lei dice: "Tutto fatto: la guida ci aspetta fuori dal parcheggio vicino al porto".

enge Gasse in Ligurien

il carrugio (dial.)

Alcuni carrugi sono strettissimi, neanche un metro, o poco più. È divertente questo giro, sembra di stare dentro un labirinto.

Io e Sara stiamo insieme da qualche anno. Io lavoro in banca, lei insegna a scuola. Viviamo a Parma, una città dell'Emilia Romagna. Ogni domenica facciamo una gita e visitiamo un posto nuovo. Oggi tocca a Genova, il capoluogo della Liguria, una città piena di storia e di bei palazzi, per qualche secolo una potente **repubblica marinara**[2] come Venezia e Pisa. Tutti questi dettagli di solito me li racconta Sara durante il viaggio in macchina. Lei tiene sulle gambe una guida e legge le informazioni sulla città da visitare. Io stavolta provo a dire: "Senti, che ne pensi di perderci tra i vicoli di Genova?". E lei: "Ma sei pazzo! Abbiamo poche ore e tu ti vuoi anche perdere?". E poi aggiunge: "Ho prenotato in questo ristorante, sembra molto pulito!". Ecco, quella della pulizia è un'altra idea fissa di Sara. Tutto deve **splendere**[3], soprattutto le **posate** e i bicchieri.

Arriviamo a Genova. Dopo aver parcheggiato vicino al porto, incontriamo la guida turistica. Si chiama Franco, un uomo sui cinquant'anni, alto e magro, con una borsa **a tracolla**[4] e una **bandierina**[5] in mano. È simpatico, ci racconta subito di Genova e dei suoi tipici "carrugi". È una parola che **deriva**[6] da molte lingue: latino, francese, spagnolo e che rimanda alla parola "**carro**[7]".

1 **la guida turistica** - der Fremdenführer
2 **la repubblica marinara** - die Seerepublik
3 **splendere** - strahlen
4 **a tracolla** - umgehängt
5 **la bandierina** - das Fähnchen
6 **derivare** - stammen
7 **il carro** - der Wagen

Il centro storico è pieno di queste piccole lunghe vie che hanno sempre lo stesso nome, ma cambiano continuamente larghezza. E a volte diventano anche delle piazzette. Alcuni carrugi sono strettissimi, neanche un metro, o poco più. È divertente questo giro, sembra di stare dentro un labirinto. Ma Sara si rifiuta: "Troppo sporchi, troppo bui". Io e Franco invece li percorriamo tutti. Alla fine di uno di questi vicoli arriviamo in **via del Campo**.

Im Musikgeschäft mit der **Hausnummer 29** finden Sie die Gitarre des berühmten Genueser Chansonniers **Fabrizio De Andrè**.

Qui Franco tira fuori dalla borsa una specie di radio e indica una **lapide**[8]. Poi parte una canzone: "Via del Campo c'è una graziosa / gli occhi grandi color di foglia / tutta la notte sta sulla soglia / vende a tutti la stessa rosa...". La canzone è di Fabrizio De Andrè, un **cantautore**[9] genovese molto famoso. In questa strada c'è anche un museo dedicato ai cantanti di Genova. Nel dopoguerra, infatti, molti artisti italiani vivevano qui.

Poi facciamo una pausa davanti a un **forno** molto invitante, con buoni odori che escono dalla porta. Franco a questo punto inizia a raccontare la storia della **farinata**, una torta bassa fatta con farina di **ceci** e olio. Sentite come è nata.

il cece

die Kichererbse

8 **la lapide -** der Gedenkstein
9 **il cantautore -** der Liedermacher

Siamo verso la fine del 1200, Genova e Pisa sono due repubbliche marinare. Nel mare davanti alla città di Livorno, Genova vince un'importante battaglia. Poi le sue navi si dirigono verso casa. A bordo hanno molti **prigionieri**[10] *pisani. Nelle* **stive**[11] *delle navi ci sono anche olio e sacchi di ceci. Arriva una forte tempesta e i sacchi si rompono, l'olio si versa e il tutto si* **mescola**[12] *all'acqua di mare che entra nella nave. A causa dei danni il ritorno a casa è lento. Hanno poco da mangiare. Ai prigionieri* **viene offerto**[13] *questo mix, preso dal pavimento e infilato dentro le* **scodelle**[14].

Franco è un'ottima guida, a ogni parola corrisponde un gesto. Sembra quasi un attore. E adesso descrive la raccolta dell'impasto dal pavimento della nave. Sara però non si trattiene: "Preso da dove?".
"Dal pavimento della stiva!", risponde Franco.
"**Che schifo**[15]!", dice Sara.
"Ma è un pasto per prigionieri e siamo nel 1200, signora!".
"Non importa! Non è igienico!".
A quel punto cerco di **mediare**[16]: "Dai Sara, sentiamo come va a finire!".
Così Franco riprende il racconto.

I prigionieri pisani però non vogliono mangiare quella cosa e lasciano le scodelle al sole. Così il mix diventa solido, di ottimo **aspetto**[17] *e buon profumo. E una scodella abbandonata diventa un'ottima ricetta.*

E Franco conclude: "E questo posto alle mie spalle ripete ancora oggi la ricetta tradizionale!". A quel punto mi metto a correre, dritto dentro il forno: non voglio rischiare di perdere la mia farinata. E infatti Sara chiede: "Significa che... preparano tutto sul pavimento?". Franco non capisce la domanda e

risponde: "Certo, è la ricetta tradizionale!". Così Sara inizia a urlare: "Marcooo! Esci subito!".
Troppo tardi, **ho** già **addentato**[18] la mia farinata, buonissima. E poi, con mille spiegazioni, insieme a Franco chiariamo che la farinata non si prepara più in quel modo.

Sono le due, è il momento di andare al ristorante scelto da Sara. Lei osserva con cura le posate e poi chiede: "Voi la farinata la fate sul pavimento?".
Il cameriere risponde: "No, signora, la facciamo con farina di ceci e olio!".
Un **tipo in gamba**[19]. Ha già capito tutto.

10 **il prigioniero** - der Gefangene
11 **la stiva** - der Laderaum
12 **mescolare** - mischen
13 **viene offerto** - wird angeboten
14 **la scodella** - die Schüssel
15 **che schifo** - wie ekelhaft
16 **mediare** - vermitteln
17 **l'aspetto** (m.) - das Aussehen
18 **addentare** - beißen
19 **un tipo in gamba** (ugs.) - ein Pfundskerl

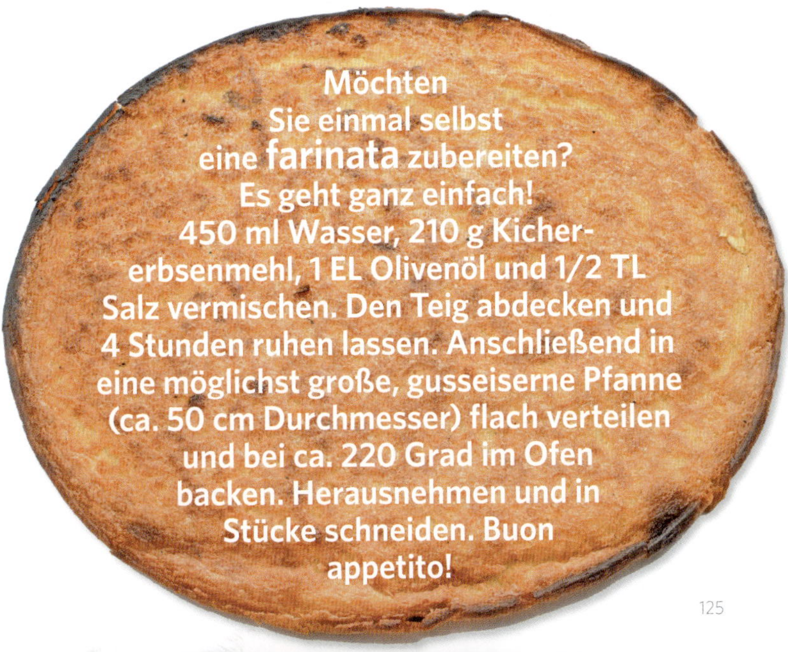

Le Cinque Terre …

… bezeichnen einen rund 12 km langen Küstenstreifen in Ligurien, an dem besagte 5 Dörfer liegen. Die **Cinque Terre** liegen im Nordwesten von **La Spezia** und knapp 1,5 Zugstunden von **Genua** entfernt. Die pittoresken Orte werden inzwischen von Touristen nahezu überrannt. Von Nord nach Süd geht es durch …

orniglia

Corniglia liegt auf einem Felsen 100 m über dem Meer. Man erreicht es über die **Lardarina**, eine Treppe mit 377 Stufen.

Manarola

Zwischen **Manarola** und **Riomaggiore** verläuft der etwa 1 km lange Panoramapfad mit dem romantischen Namen **Via dell'Amore**.

Riomaggioe

BILDNACHWEIS

(Bildnachweise, von links nach rechts und von oben nach unten) Autorenportraits: **4** (G. Fianchino, C. Mencaroni); Wikimedia Commons, San Francisco: **60** (Assianir, own work); Fotolia, New York: **4**, **5** (galjan); **74**, **75.1** (lukaszimilena); **1.1**, **40.1** (salparadis); **98**, **99.4** (JFL Photography); **12** (ciroorabona); **19** (galjan); **22.1** (shefkate); **22.4** (Thomas); **23.1** (marino); **26.1** (Jiri Hera); **26.2** (tannujannu); **27.1** (nerudol); **28.1** (peggy); **29** (lazyllama); **40.2** (murasal); **44** (e55evu); **54.2** (larionovao); **65.3** (Studio Gi); **81.1** (silvietta49); **81.3** (Riccardo Meloni); **90.1** (Ryba Sisters); **93.2** (taraphoto); **98.1** (rh2010); **102**, **103** (hanphosiri); **102.3** (MarcoBagnoli Elflaco); **109.2** (albertotirri); **111** (ArTo); **123.2** (Alexandra); **127.1** (dominikfrings); **127.2** (olrat); **127.3** (orpheus26); **43.1**, **49.1**, **52.3**; iStockphoto, Calgary, Alberta: **3** (deimagine); **6** (eyewave); **52**, **53.1** (KimiKAT); **8.1** (mikolajn); **10.2** (holgs); **11** (Freeartist); **13.1** (lopurice); **15.1** (JANIFEST); **15.2** (Julie Birch); **16** (RossHelen); **17** (deimagine); **22.2** (gianluigibec77); **23.2**, **115.2** (alphaspirit); **25** (spfoto); **30.3** (Maren Winter); **31.2** (mlane); **32.2** (Albert_Karimov); **35.3** (popay); **36.1** (EJ-J); **39** (Tadas_Zvinklys); **42.1** (bluejayphoto); **43.2** (littleaom); **45** (kyoshino); **47** (CactuSoup); **48** (Highwaystarz-Photography); **55.4** (annavee); **58** (PeterJamesSampson); **59.2** (Kozyreva); **69.1** (Pawel Gaul); **72** (Lingbeek); **87.2** (eAlisa); **88.2** (piola666); **93.1** (sedmak); **98.3** (Lalocracio); **101.1** (gilaxia); **101.2** (MiguelMalo); **105.2** (4FR); **107** (AarStudio); **108** (Ljupco); **110.1** (tzahiV); **117.2** (RolfSt); **125** (antonioscarpi); **126.1** (Nico_Campo); **126.1** (studo58); **66**, **67.1** (bdsklo); Shutterstock, New York: **3** (Vatson); **5** (Volina); **6**, **30** (Aleksandr Simonov); **80**, **81.1** (michelangeloop); **54**, **55.1** (vololibero); **50**, **51** (Gherzak); **104**, **105.1** (bepsy); **20**, **21** (576589639); **90**, **91.2** (oneinchpunch); **1**, **113** (goodluz); **8.2** (dotshock); **10.1** (pirke); **10.3** (Sergey Novikov); **13.2** (Rido); **13.3** (Micolas); **14** (Valson); **18 - 23** (4zevar); **18.1** (PEPPERSMINT); **18.2** (Photographee.eu); **22.2** (eFesenko); **22.3** (arctic ice); **22.5** (Angelo Giampiccolo); **24** (LightField Studios); **27.2** (pio3); **28.2** (Photo Melon); **30.2** (HildaWeges Photography); **31.1** (StevanZZ); **32.1**, **34.2** (Dario Lo Presti); **33** (Margaret Jone Wollman); **35.2** (stocksolutions); **36.2** (Billion Photos); **36.3** (GalapagosPhoto); **36.4** (Sabino Parente); **38** (Aleksey Stemmer); **39.2** (Jopics); **39.3** (Umberto Shtanzman); **41.1** (Freedom_Studio); **41.2** (CatbirdHill); **41.3** (Karl Allgaeuer); **42.2** (Africa Studio); **46.1** (Be Good); **46.2** (Kangholanna58); **49.2** (Cesare Palma); **49.3** (sergiopazzano); **49.4** (Thepphanom Leeprakhon); **52.3** (Pavel Savchuk); **52.4** (Kzenon); **54.3** (Olga Chechurina); **55.2** (Eddy Galeotti); **55.3** (GoneWithTheWind); **56** (Pavel Vakhrushev); **57** (Skylines); **59.1** (vvoe); **59.3** (Oscity); **61.1** (NikitaRoytman Photography); **61.2** (givaga); **62** (g-stockstudio); **63.1** (kdshutterman); **63.2** (xiaorui); **65.1** (Buffy1982); **65.2** (Mike Flippo); **66.2** (ValeryRuta); **68.1** (Daniel Prudek); **68.2** (Daxiao Productions); **68.3** (Antonio Guillem); **69.2** (sevenMaps7); **69.3** (Studio_G); **70.1** (Laszlo66); **70.2** (Iakov Filimonov); **71.1** (Justek16); **71.2** (MR.Silaphop Pongsai); **72** (Roman Mikhailiuk); **74.2** (AlexTois); **76** (Rene Hartmann); **77** (Cherkas); **79** (StevanZZ); **81.2** (patronestaff); **82.1**, **112.2** (Coprid); **82.2**, **82.3**, **83.1**, **85**, **86.1** (Stefano Guidi); **83.2**, **86.2**, **92.3** (Paolo Bona); **87.1** (serenarossi); **87.3** (Marco Ossino); **88.1** (Araya Singkhawehon); **88.3** (Abramova Elena); **88.4** (showcake); **88.5** (melis); **89** (Lindsay Helms); **92.1** (Gabor Kenyeres); **92.2**, **94.2** (Renata Sedmakova); **94.1** (marino bocelli); **95** (Semisatch); **96.1** (Oleg Gekman); **96.2** (Kichigin); **97** (TorGB); **98.2** (Lukasz Szwaj); **99.2** (popcorner); **100.1** (oksana2010); **100.2** (Foxys Forest Manufacture); **102.2** (stanislaff); **103.2** (Nicku); **103.3** (Esin Deniz); **106** (Monkey Business Images); **109.1** (deela dee); **110.2** (Boris Stroujko); **110.3** (Viacheslav Lopatin); **112.1** (Danilo Ascione); **114.1** (Indypendenz); **114.2** (Christian Weber); **114.3** (Rastislav Ekkert); **115.1** (zagorodnaya); **116** (BestPhotoStudio); **117.1** (SAHACHATZ); **117.3** (mickyso); **118** (baldovina); **119** (spumador); **120** (trabantos); **121** (Seregam); **122** (Claudio Divizia); **123.1** (Yulia Grigoryeva); **123.3** (Quanthem); **126.2** (Henryk Sadura); Thinkstock, München: **34.1** (porpeller)